哈維・紐科姆談
紳士道

好奇害死貓、朋友少而精、管好嘴巴，
美國著名教育家給男孩的建議

U0059026

孔謐 — 譯

HOW TO BE A MAN

與樹不同的是，你們的成長沒有盡頭
一棵大樹能存活數百年，而你們將與時間一樣永恆
你們所做的每一件事必定對形成自身的性格帶來影響

閱讀並非只有好處，也許伴隨著危險？究竟朋友多而雜，還是少而精比較好？
遇上愛惹是生非的玩伴，不知怎麼辦？長大成人便能享受自由，再也無拘束？

目錄

目錄

目錄

自序

「誰會閱讀前言？」很多人沒這個習慣，而是直截了當進入一本書的正文部分。不過開始閱讀本書前，對它做些了解終歸是好事。還有誰能比作者本人更適合給讀者介紹他的書的內容與布局等資訊呢？我希望看到我們的年輕一代積極生活，努力做到人群中的佼佼者、培養健康向上的性格、增強時代主角感。具體說我的書對引導年輕人向上能發揮多大作用，我不好妄下結論，不過我這本書的寫作理念將會對一些人性格的培養做出一定的貢獻，對培養國家未來的競選人、立法者、總督、法官、牧師，以及律師和醫生等這些優秀的從業者都具有一定的價值。我之前曾致力提高美國青年人的道德品行，從接受的程度上來看，我相信他們將真誠地閱讀書中章節所列提示。本書專為男孩而著，抑或是為年輕的紳士而著，讀者年齡範圍分布從八歲十歲到十五歲十六歲不等，但都屬青少年。本書大體涵蓋的內容與另一本同時發行的拙作《做淑女》立場基本相似，兩本書中有些章節內容接近一致，有些則截然不同，還有些部分有差異。最後，本書作者懇切希望凡讀此書者皆可成就男人氣概，不辱男兒之名。

西元一八四七年一月

自序

第一章 兒童與青年

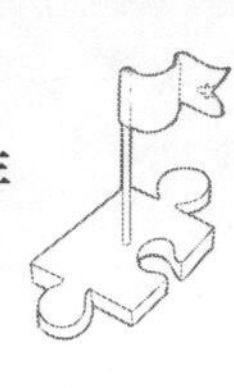

一方面，年紀小的孩子容易誇大自己的勇氣和智慧。另一方面，他們做的還遠遠不夠。孩子自認為比父母、老師或者其他長輩懂得多，他們覺得自己最勇敢、最聰明，沉浸在自己編織的勇敢和聰明之中。

我自己還是孩子的時候，流傳過這麼一句老話：「小屁孩笑老人家傻瓜，老人家嫌小屁孩瞎說話」。當然，我絕不會當面叫你們小孩子「傻瓜」，因為你們已經掌握了足夠多的知識，知道如何獲取更多知識的途徑，但是你們大多只是憑經驗獲取知識。不過「世界是用來體驗的，也是需要發現的」，所以你們必須清楚「事實總是走在想像前面。」

如果年輕人認為不管他們做什麼別人都不會指責他們，覺得自己還很年輕可以原諒，這是對自己的認知嚴重不足。如果你看到有人拿根小木棍當武器玩耍，你不會覺得一根木棍能引起你的注意。但是我曾看過一棵參天大樹從一條細柳樹枝中噴薄而出，這條正是那人玩耍後帶回家的小木棍，後來被栽在了自己家的花園裡。

坐在遮蔭的大榆樹下，抬頭看見樹幹上那麼地粗壯挺拔，樹枝是那麼地剛勁有餘，萬千柔嫩的枝條迎風舞動著，此時你怎能不心懷感激和愉悅了？你說「多麼偉岸」、「不知道它年輪幾何」。可曾想這拔地而起的大榆樹正是多年前被植下的那粒種子，那粒不足芥菜籽大小的種子。

你看見祖父小心翼翼地照顧一株小樹苗，但你搞不懂為什麼老人幾年如一日辛辛苦苦伺候一株微不足道的小樹苗。假如一開始使讓它自生自滅，不加照顧，如今也不復有如此偉岸的樹木了。所以對於一株小樹苗來說，沒有那個階段比這個更重要。

看到小樹軀幹歪歪斜斜，樹幹也逐漸彎曲變形，如果當時不加以扶正，日後必將越來越嚴重，即使小樹長成了大樹，樹幹始終佝僂著抬不起頭。在某些方面，你們就像這株小樹苗，你們一開始也不是直挺挺的生長，不過性格是可塑的，如同年幼的小樹一樣。

與樹不同的是，你們的成長沒有盡頭，一棵大樹能存活數百年的時間，而你們將與時間一樣永恆。你們做的每一件事必定對你們形成自己的性格帶來影響。從這方面看，你們年輕人的力量不可估量，因為你們的種子裡蘊含著不朽的生命力。

不知道你們是否有過這樣的經歷：風和日麗的天氣，面對平鏡般的湖面，突然向如銀盤般平滑的湖面投擲一塊石頭。你注意到這樣的場景：石頭入水時瞬間激起的漣漪不斷掀起波紋向四周擴散，一點一點打亂整個平靜的湖面。投一塊石頭對你來說是舉手之勞，但卻攪亂了一湖水的平靜。這就像你在兒童和青年時期，最不經意間做出的舉動，會影響到你的性格，這種影響將貫穿你生命的始終。

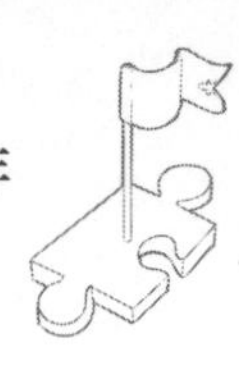

有些話不能亂講，什麼「不管我現在什麼樣，長大了自然有大人的樣子」；什麼「有哪個小孩像男人一樣啊？」——這樣說不對。我從不要求男孩必須像男人一樣，處處逼他們想著自己是成熟的男士。我不要求他們模仿蟾蜍的模樣，費勁力氣把身體鼓得像牛一樣壯，然後「嘭」的一聲脹破肚子。我希望你們在不失童趣的前提下具有堅毅的品格。

你們應該勇敢面對困難，不管對誰都要彬彬有禮，並且堅持自己的原則，永遠保持高尚慷慨的情操，真正做你們這個年齡該做的事。一個受過良好教育的男孩，知道什麼是得體，什麼是合宜，能夠以身作則，做到這些就能稱作紳士了。

相反，那些從來不在乎自己的舉止的淘氣鬼和搗蛋鬼絕對成不了紳士。凡是勇於面對困難、堅持完成工作的男孩已經是一名男人了；而總是說「我不行」的膽小鬼和懶蟲不可能變成男人。我希望透過這本書，用紳士的標準把你們培養成一群性格堅毅、精力充沛、敢做敢當的孩子，將你們變成男人的同時，也變成紳士。

年幼的孩子有時生活在理想化的世界中。他們幻想嬉戲中的一切都是真實的，他們腦中存在著一個小小的童話世界，那裡他們比在現實裡生活的更無憂無慮、更高興、更歡樂。我並非反對孩子做夢，但必須適可而止。通常的結局是他們沉溺在童話太深失去了對現實生活的清醒認知。

現實的生活對愛幻想的孩子來說枯燥乏味，一切涉及現實的事物被認為太過陰暗和嚴肅。或許這些孩子不喜歡讀我的書，因為這本書裡到處都是真實與現實。但是我懇求他們為自己的將來考慮一下，他們必須知道人的一生主要是跟現實發生關係的，為了讓他們獲得最大的裨益，我們必須對他們講真話，不能只對他們講那些只屬於童話世界裡的虛幻的快樂。

事實上，真實的事物反而比創造出來的虛幻更有趣，虛幻的東西吸引你的只是因為它的新鮮，不常為人所見。對那些村民來說，午後在樹蔭下乘涼是家常便飯，樹對他們來說早就失去了新鮮感，還不如一張樹的照片有意思；然而從小長在城裡的人才不要看照片呢，他們急急忙忙趕到鄉下就是為了體驗一下「大樹底下好乘涼」。空中樓閣固然激起人的幻想，可是你不還得有個自己的家嗎。

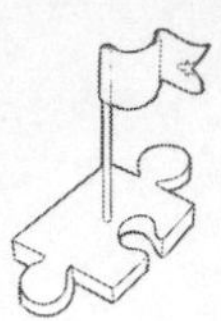

第二章 教育的本質與目標

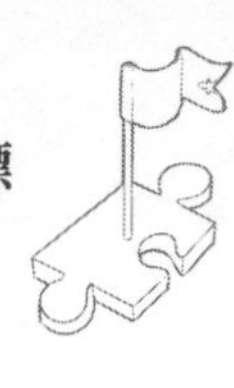

初看本章標題，一些讀者馬上聯想到上學、書本、以及努力學習，認為這麼無聊的話題乾脆直接跳過，他們早已厭煩了學校生活，不希望閒暇的時候還想著學習的事情。不過我請求他們給我一分鐘時間解釋，耐心聽我說完，再把拙作扔到廢書箱裡也不遲。

我向他們保證這裡用到的「教育」一詞與其本身含義有著很大的不同，它不僅僅意味著上學和學習書本知識，那只是教育的很小一部分。沃克先生把教育定義為「青年之行為規範」。然而，這個說法卻絕非盡善盡美，恐怕還有人懷疑教育是否能與行為建立連繫。

韋伯斯特先生對此給出了一個更好的解釋，他說「教育乃各項教導與訓練之融合，旨在啟迪智慧，改良脾性，鑄就青年之品行，以使青年於未來有用施展。」事實上也就是說，教育的目的是培養男人或女人，抑或打造紳士或淑女

「教育」(Education) 一詞的詞根本意義是「導引、行為、形成、闡述或鑄造」。關於樂器，我們經常說它們是由一片片金屬鑄造而成；論及雕塑，我們說它是由碩大的石塊雕鑿而成。這些例子為我對教育的定義提供了很好的詮釋，人的性格正是一個從粗糙未經開發的原材料到精細產品的過程。

性格的形成絕不囿於於書本的學習，一個人或許學識淵博，但可能一點都不懂做人

的道理。這中間有很多的路要走。鐵礦石必須經過礦工開採，送入熔爐，把鐵金屬分離出鐵渣，送到鑄造廠壓製成型鐵，再交由鐵匠鑄造成鐵具，最後再由人拋光打磨直至成品。

一塊岩石首先經過開採，或由爆破岩架取得，接著削割成條石運至石場，交由石匠錘擊打磨，最終拋光上色。這也很好地解釋了何為教育。僅有學校教育不足以形成性格，而應綜合各方面那些有助於少年培養自己性格的因素和影響。

教育始自家庭，發展於學校。教育受到大眾信仰、演講、書籍、人文地理、娛樂、朋友等等各方面的影響，擇善而棲有之，隨波逐流亦有之。無論身處何地、境遇如何，總有一些因素影響著少年性格的養成。

教育或性格的形成與雕鑿塑像和萃取金屬有截然不同的區別。一塊條石，抑或一片金屬在整個製作過程中是被動的，是在外力作用下完成的。然而，人的教育絕不可如此，凡是接受教育的人必須扮演主動的角色。你可以接受各式各樣的學校教育，可以在家庭或社會遊刃有餘，但如果你不是抱著積極合作的心態，你永遠學不會做人的道理。

如果決心要學會做人，每一次經歷都會引起你的思考，經歷的每一件事都可以為你提供學習的養分，你每觀察一物，你的知識系統就提升一個層次。無論身處何地，只要

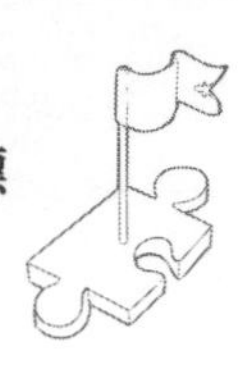

你行為謹慎，處置妥當，你便即刻擁有良好的習慣。你將像勤勞的小蜜蜂，採集每個花朵上的花蜜。

躺在床上與你的心做一次懇談，用思想的力量、用澆灌有意義的冥想。在自己的祕密花園與神交談，懇求神的智慧，他許諾有求必應。與人為伴宜少言多聞，不可與無知者相交，但可從他們身上學到教訓。用心對待你身邊的人和物。田野邊、溪流旁、山巒間、天堂口到處都是哲學。

不難發現，智者與蠢材的明顯區別是：一個行走世界，打開眼界；一個行走世界，雙目緊閉。不管你承認與否，教育始終伴隨著你，你的性格正在不斷地形成。你應該自覺遠離不良的影響，自覺促使自己向好的方面轉變。牢記這條真理，性格形成便成永恆。

幾年前，密西西比河畔發現了深深印刻在堅硬岩石中史前人類的足印，這些印跡是人踩在軟泥上留下的，後來隨著時間的推移逐漸硬化，直至形成了化石，如今沒有人能抹去這些印跡。你們少年恰如這軟泥，凡與你發生關係的事物都會留下你的痕跡。但是隨著年齡的增長，性格逐漸趨於穩定，受到的影響也越來越小，最終會像那塊堅硬的岩石一樣，身上的印痕慢慢變成了固定的習慣。

一切你性格上的影響將不會輕易移除。著名藝術家華盛頓．奧爾斯頓[1]曾長時間創作一幅重要畫作，就在他幾近完工之時，突然發現畫中存在一些瑕疵，他在那塊略有瑕疵的地方塗抹修改，想重新勾畫新圖。可偏偏在他塗改的過程中死神奪取了他的生命，畫家逝去，僅留未竟之作。無人能重現畫家當時的創作靈感。

如果你正處於發育中的性格受到不良影響，死亡對你發出及時歸去的命令，那麼命運將被永遠定格，猶如奧爾斯頓畫布上那一筆的失誤永遠印刻在他的畫布之上。

1 華盛頓．奧爾斯頓（Washington Allston，西元一七七九至一八四三年），美國畫家、詩人。著名的風景畫浪漫派運動的先驅，他的主要藝術實驗體現在作品描述物件的戲劇化和自然光的運用上。

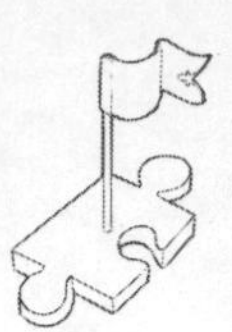

第三章
虔誠是行動的源泉，靈魂的指標

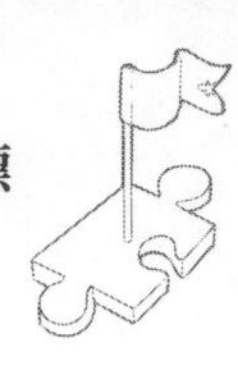

對於從未見過手錶的人來說，一塊手錶在他們眼中簡直是不可思議的東西。傳教士發現在野蠻的土著人和荒蠻部落那裡，手錶帶給他們偌大的好奇。它像能移動的活物、像有生命的物體一樣具有感知。

忘了在哪讀過一則新聞，說一個野蠻人看到一個白人的手錶躺在地上，發出奇怪的「嘀嗒」聲音，野蠻人把它當成了會噴毒液的爬行動物，舉起石頭把手錶砸了個稀爛。

手錶對孩子來說也稱得上是一個新鮮物品，孩子總是充滿了好奇，這個大家都知道。他們想把看到的一切事物都拆成小塊，研究它們的構造。我敢說我的讀者肯定記得你們小時候坐在父親的腿上，懇求他給自己展示一下手錶的齒輪到底什麼模樣。

如果我身邊圍坐著年輕的朋友，我會把手錶卸開，教給他們一個有用的道理。我會對他們說手錶同我們人類相似，錶殼去掉後，手錶絲毫不受影響。這一點很像人的身體，死亡使身體與靈魂分離，可是靈魂依然存在，依然充滿力量。

手錶的內部構造也與靈魂很相像，內部有大量的零件構成，所有的零件各司其職，所有的齒輪運行不悖。同樣，靈魂也具有很多功能或潛能，各部分協調一致分工合作，這些潛能包括理解、判斷、良心、意志、情感、記憶、激情、欲望等等。每個部分都各司其職，它們之於人類，相當於齒輪和彈簧之於手錶。

手錶中一切零件工作正常的情況下才能報知準確時間，哪怕一個齒輪工作不正常，整塊手錶即刻陷入癱瘓狀態。手錶運行的潛在動力並不為人所知。拆開手錶，你會看見一顆大大的齒輪，光滑的表面四周盤繞著一根長長的金屬鏈條，鏈條一端連接著另一個齒輪，其間形成了山脊狀的連接空間。在這個內部結構中，首先要談到的是主彈簧，主彈簧借助金屬鏈條帶動了整塊手錶的運行。

同比，人的意志就是靈魂的那條主彈簧。透過神祕隱現的鏈條，意志掌控著一切人類靈魂的力量，控制著身體的反應。不僅思維活動受到意志的控制，就連機體的運動都要受制於意志的力量。

但是手錶的主彈簧一旦缺乏鉗制，手錶報時就會不準確。結果是所有的齒輪高速運轉，不出片刻手錶就報廢了。為防止這樣的情況發生，平衡輪應運而生，借助一根極細的彈簧——「髮絲簧」的前後擺動，使整個機器運作正常。最後加上一個小小的杠杆，也就是調準器，你只需輕輕一碰，便可輕易調節精細的髮絲簧，自如控制平衡簧的快慢，如此三番，手錶便可正確地運轉了。

試想人的意志如果缺乏鉗制，它就會肆無忌憚地左沖右撞，我們通常叫它恣意妄為。孩子如果經常這樣做，並任由其發展，最終他們任性的性格會把他們送上自我毀滅

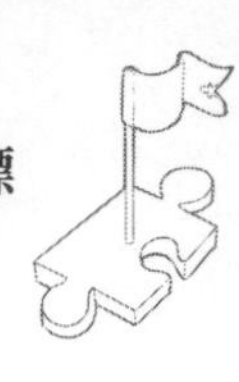

的道路。

這裡我不想對這些做出詳細的闡釋，不過請容許我把判斷比作平衡輪，判斷是人的一種能力，判斷有感知、比較和決策的作用，判斷可以保持思想的平衡，避免思想走向兩個極端。

我把手錶裡的髮絲簧和調準器比作人類的良知。你只需要輕輕一碰，調準器便帶動髮絲簧，髮絲簧接著或快或慢引起平衡輪的運動。但當手錶工作不佳時，任憑調准器再怎麼調節也無濟於事。同理，靈魂靜謐之時，良心經稍微碰觸就可影響人的判斷，亦可調節人的意志。可當靈魂躁亂不安時，縱有良心也是徒勞。

誰動了那個調準器？手錶本身沒這個本事，是啟動調準器的那個力引起的。然後，良心被喚醒，神的話啟迪了良心，神的靈應驗了話語。在我剛要寫作本章的時候，我頭腦裡已經有了這種想法。

手錶壞了，便一錢不值，毫無用處，實在是可憐。錶是用來計算時間的，壞掉的錶留不住時間。或者你有一塊正常走針的手錶，唯獨沒有調準時間，仍然計不准時間。

除非心靈受到受到神的恩惠，受到神的洗禮，不然靈魂永遠不安，解釋不清它為何而存在。意志軟弱，判斷失誤，良心泯滅。無論思想接受多少給養，錯誤的結局在所難免。人生伊始，你須視虔誠為行動的主彈簧，靈魂的調準器。缺乏虔誠則萬事開局不順，缺乏虔誠則做事動力不足，勞其筋骨，餓其體膚卻一無所獲。

然而對神的敬拜可以為思想注入新的活力。只顧提升本我的思想卻不虔誠信奉，即使有所獲也微不足道。那點收穫只能為你贏來些許額外的快樂，使你在這狹小的空間內苟延殘喘。然而，虔誠向你展開一片廣闊的田野，只要時間永恆，在這裡你就能尋覓生命的價值，就有希望探索到昇華思想的路徑。

因此，虔誠能為靈魂具備的所有潛能注入一股新的生命之泉。所能做的遠不只這些。虔誠還能激發思想的力量，導引心靈向善向愛，為它們指明一條康莊大道。

我勸誡你把追隨神的義作為最重要的事來看待。記住耶穌（Jesus Christ）說過的話：「你們要先求他的國和他的義，這些東西都要加給你們了。」這裡耶穌應許，只要你追隨神，你將擁有所有必需之物；你的心臣服於他，你幫助他建立起他的國，讓他統治你的內心，你全身心奉獻給他，他會給你想要的一切。這也為你發揮所有的潛能指出一條正確方向，為你性格的形成打下了扎實的基礎。

相反，你將是一塊少了平衡輪或調準器的手錶，今生再也找不準自己的位置，來世依舊。一個人年輕之時最重要的是使自己心懷虔誠。渴望形成良好性格，必須在開始階

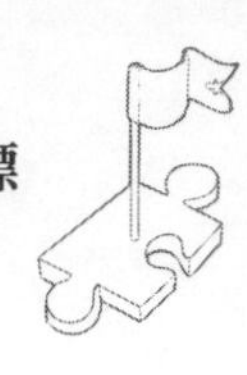

段就打下良好的基礎。

只有按照以下的要求才能打下良好的基礎，所有性格的養成都須依託在宗教戒律之上。宗教動機應指導你提高思想和昇華情感。如果你忽視信仰的存在、上帝的恩賜，不獻身於他，你會發現你很難克服思想和行為上的不良習慣，只能任由其滋生蔓延。

性格形成過程中，虔誠為第一要考慮的問題。記住性格一旦形成將永遠伴隨你，你的心縱使歷經時間流轉也將永遠帶上那枚兒童和青年時期形成的性格烙印。你為著愛神懼神打下的性格根基將日益堅硬、日益壯大、日益輝煌。相反，你把根基植入自私和罪惡中肆意建造，到頭來結局必定淒慘無比。

第四章　順敬父母

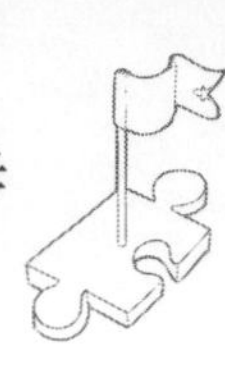

除對上帝負有責任，你接著要向親生父母負有責任。對父母事事恭順，如對上帝事事虔誠，如此才能培養出親切溫和、人見人愛的性格。所羅門（Solomon）對年輕人說：「要聽你父親的訓誨，不可離棄你母親的法則；因為這要作為你頭上的皇冠，項上的金鍊。」

在別人眼裡，沒有什麼比恭順地侍奉父母更讓人覺得可敬，也沒有什麼比你對父母不敬不孝更讓人覺得你無可救藥。少年時期沒有比恭聽父母之言更為溢美的言辭了，外界任何裝飾都不可與之比擬。

恭順的孩子對父母抱有敬畏，如同虔誠信神的人對神抱有敬畏那樣，他們尊重他、愛護他、崇拜他的人格、信奉他的言辭、臣服他的權威、懺悔不敬神的罪過。

只有你們的心先熟悉對父母的敬畏，你們對上帝的敬畏才更深入。上帝應許祝福那些敬重父母的人，懲戒那些對父母不敬的人，這與他順從自己的內心、尊重自我的意志多麼相似。因此，你們應感謝上帝，感謝他帶給你們恭順的習慣，他做到了恭順，因為恭順所以他心懷虔誠。

懂得感恩的人恭順父母，懂得感恩的人虔誠信神，上帝之於人，如同父母之於孩子，父母又在上帝之下，是你的造物主。父母的大半生時間都花在了養育和教育孩子的身上，為此他們殫精竭慮；孩子生病時他們守護在旁無微不至地照顧，他們盡一切所能給你們想要的。

而明智的父母大多擔心孩子能否長成一個智慧的、有道德心的大人，擔心他們會不會虔誠、會不會快樂。沒有誰像上帝那樣認為孩子應特別感謝虔誠的父母，上帝贈予孩子福祉，父母用愛換回。

恭順對未來性格的形成有很大影響。一個如果從不向別人低頭、且固執己見頑固不化，那麼他將不會受到任何人喜歡。做事不可隨心所欲，任由其發展，不可未能遂願，便心存不滿。

不願受到任何約束使你屢屢受挫，痛苦不堪，沒有人一生中毫不依賴他人，想怎麼做就怎麼做，就連萬人之上的國王也達不到這個地步。但是你如果習慣遵從你的父母，這些束縛將不再沉重。等你長大成人，涉足社會，你將受到世人愛戴擁護，這時仍不要忘記敬重你的父母。

養成服從權威的習慣，尊重權威的指示，擁護愛戴權威。習慣了這些，你將成為一個受人尊敬幸福快樂的人。神同時詛咒那些不虔誠的父母，並對其進行懲罰。所以，一旦父母變得不虔誠，隨之而來的後果將會很嚴重。對此，我本欲舉出若干例子證明，無

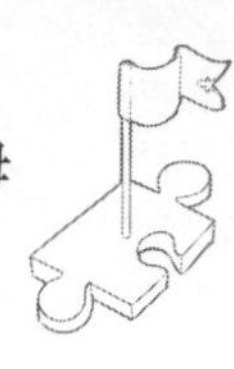

奈篇幅限制，不便贅述。

神把孩子對父母的全部責任歸結為一個詞——尊敬。這個詞被用來形容孩子對父母負有的全部責任，雖是小詞，卻有大意義。

你問：「我該如何尊敬我的父母？」首先，你須真心尊敬他們、愛他們、崇拜他們，養成遵從、服從他們的習慣，頂撞父母不是尊重他們的表現；生父母的氣，不滿意他們的教育，認為太苛刻或不公平，都是不尊重他們的表現。

上帝給父母權利讓他們管你是為了你的好，父母讓你遠離邪惡和傷害，要求你做的你就領命去做，最終還是為了你好。有時父母要求你做一些你不喜歡做的事，也是出於對你有利的考慮。

如果你不耐煩父母的管教，對他們有不滿情緒，這是對他們最大的傷害。假如你能讀懂父母的心，理解他們為糾正你的行為的苦衷，你就會有另一番思考了。要知道，你這種對抗情緒不僅僅違逆了你的父母，還違逆了上帝，是他給了父母這個權利。

孩子的話既可以尊重父母，又可以傷害父母。對他們的尊敬關鍵在於對他們使用敬語，說話的語氣須是崇拜和服從的，稱之為父親大人和母親大人。有一個例子，撒母耳說一聲「臣在！」回答以利的召喚，這是僕人對主人說的敬語，是僕人聽到召喚，立即按主人要求辦事的號令。

當孩子粗暴頂撞父母，說話尖酸刻薄且自以為是的時候，父母感到孩子沒有尊重他們；或者孩子同他們說話忘記帶上尊稱，而是直截了當以「是」和「不是」應答的時候，他們也會有同樣的感覺。這便是言由心生。

我認為在當代教孩子學說「是的，先生。」或者「不，夫人。」等這些禮貌用詞之所以如此困難是因為他們內心並沒有對這些稱謂抱有崇敬之情。或許在某些地區這些用詞也不是那麼有禮貌，對他們講這樣的話反而顯得我對人家不尊敬了。

同樣，孩子跟父母頂嘴，抗拒他們的命令，找藉口不服從，這都會對父母的尊嚴造成傷害。孩子就想證明他們比父母還要聰明，但沒料到卻給父母的尊嚴造成了傷害。言語中夾帶不敬、斥責父母、或對父母權威不屑一顧，都是對父母尊嚴的極大挑戰。根據摩西律法，神把褻瀆父母的事件和褻瀆神的事件歸為同罪，「凡咒罵父母的，總要治死他。」——這說明，褻瀆父母在神那裡是多麼大的罪過。

另外一種尊重你父母的方式就是聆聽他們的教導與建議。上帝將教養孩子的權利賦予父母，父母秉持聖經教養你，聆聽他們的教導猶如聆聽聖音。你褻瀆他們的教導，就是對上帝的不敬。上帝借助你父母的軀體向你發話，「我兒，要聽你父親的教誨，不可

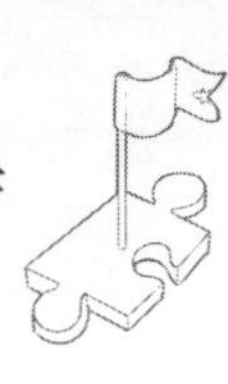

磨滅你母親的法則。」孩子們都喜歡率性而為，這本來再正常不過了。然而，青春的躁狂往往把麻痺大意的青年推向毀滅，他們經常無視父母提出的合理建議或指導，這樣直接縮短並擾亂了自己的幸福生活。

然而事實上，父母的眼光卻不像孩子那樣只停留在快活的表面，他們認為還有比快活更重要的事情，他們認為只有在年齡足夠大、經驗足夠豐富的時候，方可明白某些道理。

如果你要到一個陌生的地方去，不知道路該怎麼走，這時你碰到一個曾經去過那裡的人，你相信他給你指點的方向，然後朝著目的地進發。父母經歷過的階段正是你們年輕人將來邁入的階段，他們知道路怎麼走，你要完全地信任他們，按他們的教導辦事。忽略他們的建議，你必將陷入困境。

生命之路險象環生，大道兩側往往分出許多岔道引你走向迷途。岔道布滿了陷阱和機關，一不留意便跌入坑中，前途盡喪。父母都是過來人，自然了解其中凶險。如果你的父母是合格稱職的好父母，懂得對你負有教導的責任，那麼他們會警告你不要接近這些凶險。如果你無視他們的警告，那你真是愚蠢透頂。太多的青年因為不聽父母的警告最終毀掉了前途。

尊重父母的人必須毫不遲疑滿心歡喜地服從他們的法令。「法令」是相對那些錯誤的命令而言的，錯誤的命令無需遵從。假如一個不道德的父親或母親命令他或她的孩子去撒謊、去偷盜，或者去做違背神的命令的事，那麼孩子有權拒絕服從，並隨時聽命父母對自己的懲罰。

雖然我們身邊不常有這類的事件發生，但君士坦丁堡的傳教士為我們講述了一個與之相關的事例。兩個亞美尼亞小女孩剛剛學會閱讀，剛剛接受到一些基督教義的影響。這時有人敲響了自家的房門，他們的父親不希望接見來客，就命令其中一個女孩過去告訴那人自己不在家，女兒聽到後說：「那可是撒謊啊！」父親說：「這又怎樣，沒什麼大不了的，你說我不在家就行了。」

「可是爸爸，聖經上說撒謊是有罪的，我不要撒謊。」小女孩回答道。父親被激怒了，讓他另外一個女兒去說他不在家，可是這個女兒也說，「父親，我不能這樣做，撒謊是有罪的。」孩子們做的是對的，她們有權不服從她們的父親。但是除了不服從錯誤的命令外，孩子沒有任何理由不服從他們的父母。

孩子必須毫不遲疑、滿心歡喜地服從。不馬上服從，言語頂撞，與父母討價還價等等都是不尊敬父母的表現。受尊敬的父母從來不用一遍遍嘮叨孩子。有些孩子一定要走

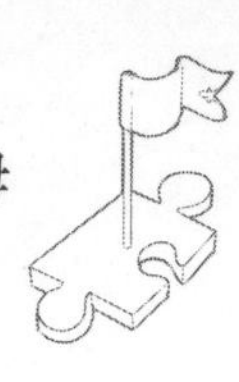

自己的路，努力說服父母相信他們的路才是最好的，這也無異於是說做父母的還不如自己孩子懂的多。這都說明孩子不是發自內心地服從父母。

還有些孩子，平時不敢不聽父母的話，就是給父母臉色看，一副極不情願的樣子；要麼生氣離開，或摔門而去，總之找各種方式發洩他們的不滿。這麼做傷害了父母的感情，冒犯了神的天威，這哪裡是服從，更不是欣喜地服從。

真心尊重父母的，不等父母的命令便自覺去做，連父母最微小的願望也能遵從。父母的悲哀在於為除非不得已絕不強迫孩子服從，目的是為了尊重孩子的感情。但是孩子卻沒有處處為父母的感情著想，沒有給他們任何表達情感的機會。

如果你真心敬重父母，不管他們在不在身邊都不能忘記他們的教誨和命令。剛一離開他們的視線就拋開他們的權威是對他們很大的不敬，這樣做表明你沒有完全把他們放在心上，而是怕受到懲罰被迫聽他們的話。

如果能把父母的權威牢記於心，就是對他們最大的尊重，這說明他們已經在你內心牢牢地占據了一個位置，你對他們充滿了崇敬和愛戴之情。真心尊敬父母的，父母在身邊也好，不在身邊也罷，都能服從他們的意志行事。好孩子都具備尊敬父母的良好品德。

孩子尊重不尊重父母也體現在平時表現上。如果孩子行為不端，則反映出他們對父母不敬，人們常說的「家教不嚴」即是如此；如果孩子舉止優雅得當，則反映出他們對父母的尊敬。外人透過你的行為舉止可以判定你父母的為人。

誰願意自己的父母遭旁人詬病？有人說了你父親或母親的壞話，你定會朝他怒視喝斥。然而你的所作所為卻會妖化了你的父母，不管你做什麼人家都會認為你是個不肖子孫，別人對你的指責最終會落到你父母的頭上。

不管何時何地，真正尊敬父母的人必懷有一顆虔誠信神的心。對神抱有虔誠之心，也必將對父母抱有虔誠之心，因為你尊敬神嚴正的戒律，樂意做一切事情討好他。你內心充滿對神的敬畏，崇拜他一切的威權，沒有比長久真誠的信奉更能激發你愛戴父母的力量了。你為父母做的一切，父母都看在眼裡。「不要只在眼前侍奉，像是討人喜歡的，乃要憑心中的善侍奉上帝，而不是人。」

男孩到了一定年齡開始展現自我的價值，他們要證明自己比父母還要聰明。他們質疑父母的智慧，一意孤行地尋找一條顯露自己個性的道路。這特別體現在孩子與母親的關係上，男孩覺得自己長大了不想被一個女人管著，就算被迫聽從母親的話，他們也不會真心實行的。

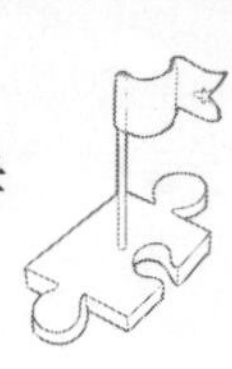

他們不去報答母親的養育之恩，辜負她的希望，逃避做一個有用的人，他們好似喪失了一切責任的概念，認為母親的教育不可理喻，剝奪了他們的快樂，他們就像狂吠的獒犬，自恃清高藐視一切。如果孩子的父親早早逝去，孩子便開始刁難寡居的母親，不再聽從於她。我想不出有什麼比這樣做更不像個男人了，這是極其卑鄙無恥的行徑！

作母親的受到兒子的刁難，但她卻一直充當著兒子慈祥的母親、生活的幫手、安全的港灣。知道母親沒有力量管住你就反抗她的管制，這是何等的居心！只要年輕人不公平對待自己的母親就會遭到社會的鄙視；那些欺負母親獨身一人的，不服她管制的就會被所有人厭惡和唾棄。

說到未來對男人性格影響的因素，沒有哪一點比我們接下來說的這點重要。老實聽父母話的孩子都能做個好公民，這種孩子從小就知道服從，服從國家的律法，贏得社會的尊重，成為大眾遵奉的學習楷模。

但是不慣服從的孩子往往在家不嚴管教，興風作浪；於國墮落至害群之馬。不慣聽從父母的，易違抗律法，招致懲罰。他們多與惡徒相交，暴力頻發，妨害治安，以致鋃鐺入獄，抑或被送上絞刑架。此類事例不勝枚舉，其中由於犯罪入獄或絞死的多是從小不服從父母，更多的情況則是不服從寡居的母親造成的。

第五章
與兄弟姐妹及其他家庭成員的相處

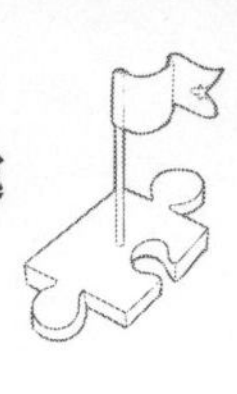

家庭就是一個小型王國。爸爸是國王，媽媽是王后，孩子或其他成員則是臣民。在上一章，我詳盡地闡述了孩子對父母負有的責任，這裡我要特別強調孩子與家庭其他成員間的關係同樣重要。我希望你們記住性格是如何培養的，記住你在家庭中培養的性格很有可能伴隨你的一生。

家庭裡，你可以同兄弟姐妹比較，但是離開家到了外面的世界你發現可以拿來比較的範圍更大。如果在家裡你是個十足的男子漢，還是個溫和善良，彬彬有禮的大哥哥，在外面也自然不差。有了這些性格上的優點走到哪裡都很受歡迎。反過來，在兄弟姐妹面前如果你老是一副傲慢無禮，高高在上的樣子，到了外面也改不了毛病，別人看到你唯恐避之不及，哪還談得上對你的喜愛啊。

我有一個最好的建議要送給你：你對待兄弟姐妹和其他家庭成員時應遵循一定的「黃金法則」——如果你想讓別人怎麼對你，首先你要怎麼對別人。這裡我還要再強調一點，男孩容易對妹妹們頤指氣使，好像他們覺得自己天生就該統治妹妹一樣，因為女孩根本沒有力量反抗男孩的統治。

可是我認為這種做法不是男子所為，欺弱凌小、壓制別人是很不道德的。特別是與你有血緣關係的親屬，他們本應得到愛與保護，你這樣做簡直是卑鄙到了極點。同樣，哥哥對弟弟，或姐姐對妹妹也是一樣的道理。

弟弟對待自己的妹妹應既溫柔又善良，既禮貌又細緻，不可對她粗魯，不可忽視她的感受，要時刻準備保護她不受其他男孩欺辱，不可對她高聲喝斥，亦不可凌駕她之上。除此之外，這樣做對其他年輕女士而言也是不夠紳士，缺乏風度的表現。為什麼哥哥們就不能溫柔地對待自己的妹妹呢？你們對待自己的妹妹是不是還不如一個陌生人那樣有禮貌呢？

試著分享妹妹的祕密。讓她們了解你的感受，知道你想做什麼，你還要重視她們的建議。這樣你可以省去許多的麻煩，獲得她們的同情和愛戴。永遠不要做一些連你自己都羞於告訴她們的「劣行」，一旦你告訴了她們，後果自負。

與弟弟妹妹相處法則中只需遵守一條，便可把他們或她們打造成紳士或淑女——那就是彼此以禮相待。不可當著外人的面把弟弟妹妹呼來喚去，特別不要在外人面前開他們的玩笑，不要言語譏諷，也不要隨意批評嘲笑他們的行為。

如果確實有必要教育一下他們，那就私下好聲好氣地對他們說哪裡做的不對。這比當眾揭短的效果強的多。照顧他們的感情，絕不能傷害無辜。

當哥哥的如果喜歡給弟弟妹妹添亂，干擾他們的計畫，對他們處處使壞，那樣簡直

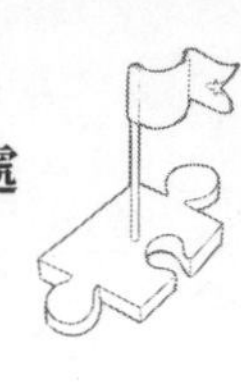

是缺乏教養的蠢蛋，長此以往一定會助長家庭的不正之風，掀起姐妹間鬥爭的波瀾。

不要輕易揭發他們的行為，除非有誰做了很過分的事情，你才通報給父母知道。至於雞毛蒜皮的小事，最好是找他們平心靜氣地談一談，不要讓父母知道。有一些家庭整日被孩子包圍著，大人們別想清淨片刻，一下子「媽，約翰打我了」，一下子「媽，蘇珊哭了」，又一會兒「媽，喬治上廁所沒沖水」，這哪裡還像一個溫馨甜蜜的家，簡直一個「瘋兒院」。

沒有比看到一家老小吵吵鬧鬧的情景更讓人不舒服的了，也找不出還有比響徹著弟兄姐妹的爭吵聲的家庭更糟糕的地方了。在這個世界上，我不知道還有沒有溫馨和美的家庭，家裡面兄弟姐妹的臉上總是掛著笑容，他們之間總是那麼相親相愛，他們總是把對方的快樂當作自己的快樂，總是懷著濃濃的手足之情。

假如你有幸生在這樣一個家庭，一定不要吝嗇，不要只顧追求個人的利益，要學會退讓。你如果做到了這些，你的兄弟姐妹也會學你一樣包容對方，彼此間的矛盾也會隨之化解。

積極承擔家務，不可像牛馬一樣使喚為你打掃房間、為你田裡插秧的佣人。盡量遠離廚房，如果進了廚房，記住不可給廚師添麻煩，不要影響她做飯，不要弄亂廚房的擺設，不能亂丟垃圾等等。廚師最討厭添亂的孩子，因為好不容易收拾好的廚房了就這樣被你搞亂了，增加了她的負擔。

能自己解決的就不要找僕人來幫忙，因為整天無緣無故被小主人呼來喚去是很讓人惱火的。培養自立的性格，凡事不求人。連雞毛蒜皮的事都得依靠他人解決，這樣的人做不成大事。

不管是少年還是年輕男人都應該懂得愛家，自覺抵禦壞小孩的引誘，不去有損道德的地方。那些親近母親和妹妹的青少年樂意與她們共度美好的時光，自覺遠離那些誘人走向歧途的朋友。家庭若能給你歡樂，又何必捨近求遠呢。

外面的世界比家庭更能帶給人快樂，這其實是一種誤解。少年或青年發現整日由母親和姐妹陪伴缺乏樂趣，這樣想本身就很危險。一旦你萌生到花花世界尋找刺激的念頭，那麼就請你坐下來靠著你的姐妹，一起唱《家，甜蜜的家》[2]吧。

我認為音樂的薰染能為家庭增添許多魅力，音樂能使心情閒適、可以撫慰感情、愉

2《家，甜蜜的家》，英國作曲家亨利・羅利・畢曉普（西元一七八六至一八五五年，Henry Rowley Bishop）作曲，美國喜劇演員、詩人約翰・霍華德・潘恩（西元一七九一至一八五二年，John Howard Payne）填詞的一首著名歌曲，潘恩在著名歌劇中《米蘭小姐》中首次演唱這首歌曲，隨即走紅，一紅便是一百五十多年。

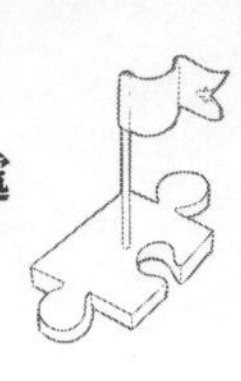

悅性情和提升品味。除了經常練習聲樂外，使用樂器吹奏音樂也能給人極大的滿足，你可以嘗試吹笛子或者拉六弦提琴，久而久之你就不再關注外界的快樂，慢慢發現正是因為找到了家庭的歡樂，才使得你沒有受到外界的不良影響，多少男孩受到了壞的影響而最終走上不歸路。

或許你是家裡唯一的孩子，受到父母的萬般寵愛。不過沒有兄弟姐妹對你來說是一種劣勢，少了兄弟姐妹的陪伴沒有任何好處。父母總是鍾愛第一胎生的孩子，即使後來有弟弟妹妹出生，他們對頭一個孩子的愛仍然不減。

太多的愛灌注到一人身上容易使人放縱，但是多了弟弟妹妹的家庭就不一樣了，雖然互相之間多了些吵吵鬧鬧，不過這也為孩子的幸福成長奠定了基礎。多子女家庭有井然有序的家規，每個孩子都必須平等相待，這是獨生子女們不能體會的。因為父母把所有的愛都傾注在他的身上，自己沒有機會學習如何與別人平等相處，所以導致獨生子都習慣以自我為中心。

那麼怎麼樣防止這樣的事情發生，又怎麼樣彌補這種缺陷呢，我已經給了你們暗示，那就是盡量與人家的孩子多溝通，多學習。

最後告訴你們一條小小的家庭法則，別看它只是很短短一句話，但是卻能創造奇蹟。如果你堅持實踐一週的時間並且絕不違背，我保證你會度過最快樂的一週。不僅如此，你也把快樂的陽光帶到了別人的心田。我的建議就是：不要生氣。

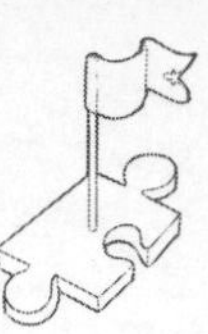

第六章　孩子與學校

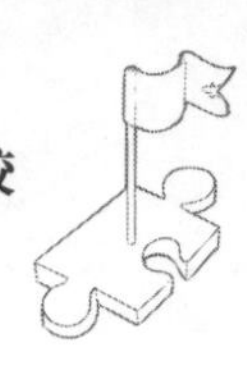

以上兩章的內容也適用於指導你們在學校的表現。學校裡老師就是你的父母，父母把管你的權利暫時移交給了老師。因此，你要像尊敬和服從父母那樣尊敬和服從老師。不尊敬或不服從老師都是違背聖經第五戒律的，它要求尊敬自己的長輩即父母。

正如教理問答手冊中說，「吩咐按照各人的尊卑長幼，履行自己的本分，並給予對方當受的尊重。」因此，你要做的是把學校的每一條規矩當作履行宗教的責任嚴格遵守，學著聽命你父母那樣聽命你的老師。

你應小心自己的聲名不受辱沒，要甘心接受老師的叱責。渴望做到勤奮、忠誠、品行端正卻從未遭受批評的人也要處處留心自己的言行，唯恐遭人詬病。小心尊敬你的老師，記住一旦你沒有做到，你就是辜負了神的聖意。

不要懷疑他們的安排，也不要放縱你的不滿，同他們交談時不許言語不敬，不許指責他們處置的方式。當學生的，不該質疑老師的安排，也不該質疑老師的教學方式。如果你比老師還聰明，當然可以不聽他的教導，不然，就乖乖聆聽老師充滿智慧的教誨。要你做什麼時，不許東問西問，也不許和老師辯解。一定注意不要帶漫畫書到學校，這樣會導致你們上課交頭接耳，荒廢功課的嚴重後果。還有，父母問及你的學業，你要如實回答。

要發自內心地熱愛學習，絕不可為逞強好勝而學。記住你學習不是為父母而學，也不是為老師而學，而是為自己而學。要記得父母為送你上學付出了多少汗水和努力，為了你們，他們犧牲了自己的時間，他們本可利用這段時間做自己的事情，他們投入大量金錢供你上學接受教育，為的是你能學到些有用的東西。

當孩子的，要以努力學習來回報父母給的這來之不易的機會。學習不是為完成任務，被人逼迫學習是收不到任何效果的，但你需堅信這是能買到智慧的籌碼。總之一切都是為了你的利益著想。上課的時候，應該拋除一切玩樂的雜念，也不可與同桌交頭接耳，要嚴以律己，抓緊一切時間學習。

當然，不可能要求孩子時時刻刻注意自己的言行，比如課間休息和上學回家的路上，一幫同齡人聚在一起的時候哪裡還顧及什麼限制，我不強求孩子必須受到限制，不剝奪他們的休閒時間和那天真無邪的天性。只有有張有弛的生活才能你們的心理和生理得到健康發展。

男孩容易被一些更大的誘惑轉移注意力。對學生來說，準時到校很重要，你們應該養成上課鈴響前幾分鐘前坐下等老師上課的好習慣。遲到只會讓自己錯過上課前的準備工作，只會打亂老師的上課進度，慣性遲到還會養成懶惰的毛病，也會對你以後的事業

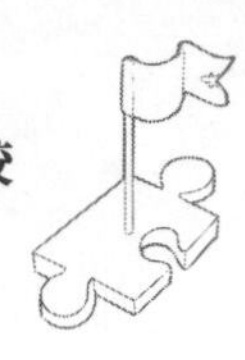

產生很不利的影響。

準時到校，不能在上學的路上嬉戲；學校回家的路上，不要在路上磨蹭耽擱而應準時回家，想著父母還有任務交給你去完成。這也是為防止你貪玩而忘記回家。除此之外，還有一些原因證明不能在上學或回家的路上耗費時光。天性懶散的男孩抵擋不了誘惑，有言為證：懶人總會做壞事。

放學不馬上回家的男孩最容易結交壞人，受壞人唆使做了壞事，自己有口也難辯。波士頓的街頭有個男孩正在低頭走路，突然一個認識他的男孩朝他打招呼，「過來，約翰，來這裡我們一起去玩吧。」

「我不去，我得回家。」約翰答道，

「來吧，就一會兒還不行嗎。」

「不行，我媽讓我早點回家。」可最終約翰經不住男孩的苦勸，過了馬路，兩人一起到了一家五金雜貨店鋪，那個引誘約翰同來的男孩偷了些刀具就跑掉了，而約翰則當場被抓，被判定為同夥進了監獄。

聽見有人喊他，接著過了馬路，再接著就進了監獄，故事就是這麼簡單和離奇。如果他逕直回家，不在馬路上閒逛，他也不會落個身敗名裂的下場。想想你自己有沒有這樣的毛病，如果有，小心會遇上和約翰一樣的麻煩。

同學面前要做一個心地善良、有求必應的人。與人交往要彬彬有禮，不可傲慢無禮。避免與行為輕狂者、出言不遜者為伍，以免沾染低俗之氣。與人遊戲須秉持公平和相互尊重的原則。一個人如果連玩遊戲都不講誠實和公平，他成年後就算做了商人也必是奸商，到頭來吃虧的總是自己。

如果你的學校是男女同校，特別是在與異性交往的時候，需要保持得當的言辭，做個有禮貌的紳士。對待女孩子要紳士和溫柔，不可語言粗魯沒有禮貌，切記勿插科打諢。與女孩的談話時你可以顯露你的智慧，不要總想用無聊的玩笑來討好她，這只會惹怒她。切記勿裝模作樣，尊敬自己也是尊敬他人。

最後，你不想讓父母知道你在學校碌碌無為，可是記住總有一雙眼睛在時刻注視著你。

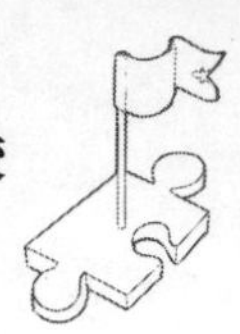

第七章　餐桌禮儀

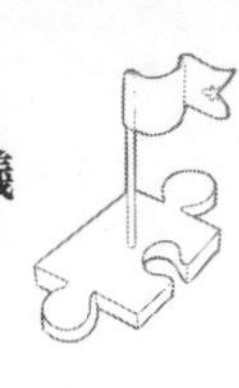

第七章　餐桌禮儀

你可曾想過，為什麼重視禮節的家庭要在特定的時間開飯，然後全家人坐下一起享用呢？把食物備好，放在每個人都能伸手拿到的地方，隨到隨吃不也很好嗎？一家人其樂融融地在一起分享美食本身就是一種日常交際行為。

假如家人不在一起用餐，不一起做禱告，他們之間或許很難有機會聚在一起。吃飯本身就象徵著你們的友好關係，吃飯還能增進人與人之間的社會連繫。對禮數周全的家庭來說，吃飯也被看作是對情感和禮儀的一種昇華和提高。

這實際上是教你怎樣做個有禮節的人，你可知道餐桌上的行為是需要受到禮儀約束的。就餐習慣不文明，或者不懂得就餐禮儀，這樣的習慣很難戒掉並且通常是自己處於被動。

希望把自己打造成「餐桌禮儀達人」的孩子們，請注意我接下來提到的幾點內容。首先，按時落座。注重禮數的家庭中，長輩一般等所有成員就位後才開始謝飯禱告。假如有五位就餐，你遲到了三分鐘，那你總共浪費了別人十五分鐘的時間。對時間觀念強的人來說，這簡直不可饒恕，所以請盡量控制好時間。

既然早晚都要坐下來還不如趕早不趕晚。用餐時間一到，立刻停下手裡的工作坐到你的位子上。千萬不要等大家做完謝飯禱告之後才坐到位子上，像個異教徒一樣對著食物發呆。

餐桌上，家人正在輕鬆愉快地交流，可是有些孩子吱吱喳喳說個不停，完全破壞了就餐環境。小孩應該讓父母或是客人多發言，嘴裡說個不停終歸是不大合宜。要等到長輩問到你時再發言；如果想詢問或者主動發言，態度一定要謙恭，不得提高聲調，不得長篇大論。特別小心不能打斷別人的談話。

如果你一邊吃飯一邊嘴巴嘮叨個不停，大人們會對你產生很不好的印象。別人的談話不可充耳不聞，不要挑剔盤中的食物，不要盯視別人的舉動，也不要偷聽別人的談話。

說話者說到自己感興趣的地方你要對他不時示以注目禮並且不時點頭贊許，但避免輕易發表意見。可是有些孩子總是自作聰明，長輩說話時喜歡插話發表自己的意見，喜歡對自己似懂非懂的話題發表一通「高深」的見解。

給人夾菜時不可直視對方的雙眼，也不能忘了給自己夾菜。時刻注視著周圍的變化，幫忙遞送茶杯碗碟，為別人夾魚，時刻留心別人的需要。這樣你可以大大減輕父母的負擔，畢竟他們要顧及所有家庭成員忙的分不開身。透過仔細觀察，學會忖度別人的需求，你終將學會優雅地執行餐桌禮儀，絲毫不給人留下魯莽缺乏禮教的印象。

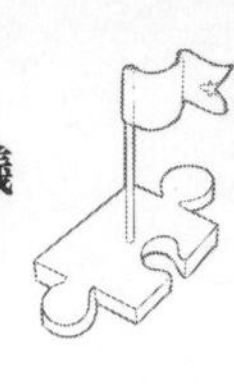

按禮節辦事。主人問你要吃什麼時，不能模稜兩可地說「不知道吃什麼」，這會讓主人覺得無所適從。主人問你想吃什麼，你應立即說出自己的要求，而不可吞吞吐吐。

挑食不利於身體發育，不可點主人沒有準備的食物，不可對食物妄加評價，不可隨意表達自己對某些食物的好惡，小孩現在不適合做美食家。衷心讚美面前的食物，讚美它色香味俱全，並津津有味地品嚐，但不可狼吞虎嚥。

不可痛苦地看著食物表現出不感興趣的樣子，因為這對女主人來說是很不禮貌的，也是極其冒犯的。別人怎麼使用刀叉你也怎麼使用刀叉，還要知道什麼時候放下，什麼時候握在手裡。當心不可讓食物掉下，不可把酒水或湯汁噴濺在餐桌上。主人離席前你不可先走，除非有特殊情況需向主人請辭。看到其他人用餐完畢，你也應立即放下刀叉。

除了以上我提到的這些，還有很多具體的餐桌禮儀實用技巧，只要你遵守禮儀的要求，細心觀察他人的行為，就必然掌握這些技巧。

第八章　家庭禱告

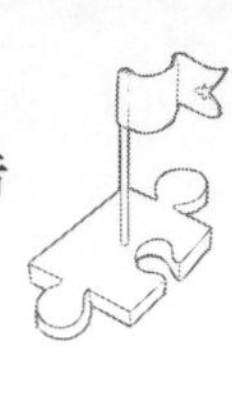

所有信奉基督的家庭每天早晚都聚集在一起為上帝祈福。因為我們凡事都依賴他的贈予，所以我們應每日心存感恩，向他祈求我們需要的並感謝他的贈予。

家庭集體祈禱的做法值得推廣。如果家庭祈禱是一種責任，那麼我們每個人的祈禱就是一種義務。不管是爸爸，還是兒子都應負有這樣的義務。你必須每次準時到場，並且靜下心來虔誠禱告。

有些青年每逢遇到這種有意義的家庭儀式都會表現得心不在焉。要知道這樣做不僅無視父母的尊嚴，也是對神的大不敬。想像耶穌基督立在你的面前，你便不敢如此膽大妄為。神的靈漂浮在空中，他給為他祈禱的家庭帶來福音。

當此家庭祈禱之際，你當拋開一切私心雜念。祈禱時間到，家庭成員準備就緒，你須讓自己坐下，神態嚴肅莊重。如果延遲祈禱，切不可放聲交談，翻看報紙抑或因他事而分心。你應把你的思想投向神，準備為他祈禱。

你的眼必不可離開神，不可左顧右盼。手中不可持有他物，以免分散精力或打擾別人的禱告。手握聖經，等待自己朗誦經文。口誦神的話須精力集中、無比虔誠且字字入心。吟唱聖詩要全身心投入，不是動動嘴唇應付了事，而是要用心唱頌。

禱告時，須學父母的樣子，父母跪下，你也跪下。不可坐下或斜靠一邊，而要恭恭敬敬跪好。緊閉雙目，用心誦經，心領神會，經閉自通。家中養成的禱告習慣將伴隨你走過教堂禱告的日子，甚至會影響你一生的信仰。

當你看到有人假裝虔誠，或者根本不知道怎樣虔誠地面對上帝時，你能不為他們羞恥嗎？假如你到朋友家做客，而你卻像對待神那般漠然地對待邀請你的主人，人家肯定認為你缺乏教養。神邀你坐上施恩之座，與他敞開心扉交談，接受他的好意，而你對如此盛邀毫無動容。

虔誠的家庭禱告是領受聖恩的重要手段。虔誠的信奉可以打動神賜福予你。由此，你躁動的情緒得到了安息，你準備平靜安詳地向上帝祈福。

第九章　一個人禱告

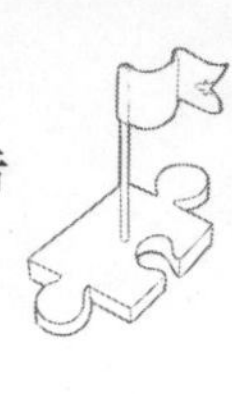

我想我的讀者中不乏基督家庭的孩子，他們從有記憶起就受到父母的影響，常常自己找一塊安靜的地方，手捧聖經虔心祈禱。或許年紀小的緣故，他們覺得祈禱很有趣很好玩。

但是隨著他們慢慢長大，缺乏對神更深的理解，他們開始認為每天的祈禱一點都不好玩，所以漸漸地放棄了。他們應當記得學生教科書上有這麼一句格言，「禱告使爾脫罪，相反則受連累。」

孩子早早放棄禱告實在遺憾。他們的心變成了荒蕪的花園，正如所羅門描繪的那樣：「我經過懶人的天地，無知人的葡萄園。荊棘長滿了地皮，刺草遮蓋了田面，石牆也坍塌了。」

不禱告的靈魂長不出有用的植物，遍地的雜草刺草異常茂盛，奪走了每一塊空間。石牆坍塌了，阻擋不了野草的瘋狂進攻。他們的心飛了起來，肆無忌當地飄蕩。心靈變得僵硬，靈魂變得冷漠無情。罪惡不如以往那麼令人恐懼了，對神的敬畏在消失，不再渴望獲得神的指引。「神全然不在他心中。」他們已站在駭人的懸崖，隨時可能墜落深淵。

我不希望你們認為禱告可以帶來好處，我也不希望看到禱告人的心不在上帝一邊卻又無動於衷。我想告訴你們的是，每個人都應該虔心為上帝禱告。不允許你的心同上帝的心分離，否則你要領受罪責。我將舉出例子說明我的觀點。

有一個小孩每天起床後都會在屋子裡玩耍，但他從來不跟媽媽說一句話，好像她根本不存在似的。過了一段時間，媽媽問他為什麼不和自己說話，孩子卻說，「媽媽，我真的不想和你說話，因為我不愛你，我想不愛你還和你說話是不對的。」你對此什麼感受？你會這樣說嗎？

「孩子應該熱愛自己的母親，只是當孩子被逼急了才對媽媽如此放肆的。」或者「不要讓媽媽難堪，嘴上說愛她不就行了，你心裡怎麼想誰也管不著。」這些都是錯誤的。

孩子愛自己的媽媽天經地義，愛她就要用實際行動表達出來，發自內心地向她說一聲「媽媽，我愛你。」如果他痛恨自己的媽媽，我絕不為這樣的孩子辯解。「不愛媽媽」很可能發展成「不愛上帝」，那時他將找出一切理由說明不想禱告的原因。那些不想虔心禱告的人不要以為從此得到了自由，而是從此被縛上鐵鍊。你虔心禱告，上帝施恩於你，你的心獲得新生。

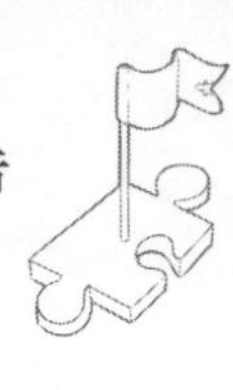

可能的話，尋一個安靜的角落，擺脫一切干擾靜心禱告。每天找一個時間獨處，丟下書本，工作還有娛樂以及其他俗務。冥想上帝就在眼前，你讀他的話時好像聽到他正為你講談經文；待你的思想沉靜下來，跪在神面前感謝他創造了自己、保護了自己，感謝他拯救了帶罪的你；感謝他的恩施，細數你從他那裡領受的好意；坦白你的罪過，盼得他的寬恕，蒙他血所灑的人恩惠平安，盼他給你祝福。另外，為你的朋友甚至你的敵人祈禱，在世界任何角落為基督的駕臨祈禱。

一些孩子不想參與禱告儀式是因為他們總是誦錯經文。你不必害怕與神對話，如果你可以向父母表達你的願望，你同樣可以向神表達你的心願，他不會因你念錯經文而責怪你，他重視的是你那顆虔誠的心——所謂心誠則靈。

我真誠地懇求你空出時間禱告，至少每天早晚堅持禱告，不可荒廢。切記不可躺臥於榻禱告，用最佳狀態虔心禱告，目盲不見聖光，腿跛難踐聖行。早年養成的規戒嚴格的禱告習慣將對你終生有益。

但我要再三提醒你不可全信禱告之詞，它們不能真正解救你出苦海；不可確信凡與眾禱告即成基督教徒。

虔誠禱告可使你白日順心從事，夜晚安心睡眠。假使無端逃避清晨禱告，你將整日不得安寧。領受不到神的祝福你將一事無成，而虔心禱告則可順己所願。你當吸取禱告的真諦，令鎮靜自若、卑恭謙虛的心抵抗一切罪惡的誘惑，做好一切應做之事。要緊之事不可不接受神的指引，不可不事先徵求他的恩施。

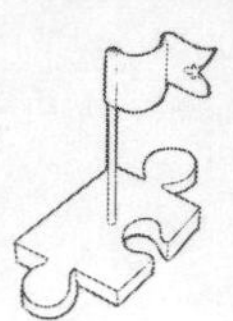

第十章　恪守安息日

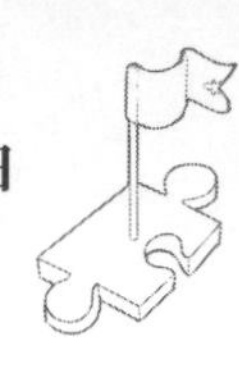

一些人難以遵守安息日，他們認為安息日侵犯他們的自由，我們當立法懲治不遵守安息日的人。孩童時期即顯現出這種悖逆，他們常常認為聖日束縛他們玩樂。

神設立安息日不是為自己，我們遵守安息日於他亦無好處。聖經上說，「安息日是為人設立的。」神為使我們受益而設安息日。他創造我們之時規定七天中有一天用來休息。

事實告訴我們，一週七天耗損體力地工作並不比工作六天休息一天的方式更值得推廣。如果沒有安息日，你將每日不停地勞作。一週七天不間斷地學習將使你疲於應付；整整七天關在家裡工作，你將筋疲力盡。但是，每週休息一天便可使你重新煥發活力，使你熱情飽滿地投入工作和學習當中。安息日為你的生命帶來福音，你應感謝神的賜予，應恪守他的命令。

安息日的另一個目的是讓所有人拋開俗務的羈絆，虔心禮拜領受聖意。安息日還可使人身體安康，使靈魂受到庇護。假如不過安息日，人們需受世俗的壓迫不得已每日辛苦勞作，就沒有時間為神虔誠禱告。

如果每個人都被要求抽出時間為神禱告，則必要身體力行。不管你在會見朋友，還是忙於工作，抑或是尋歡作樂，你必要時刻懷著敬主的心。為使你犧牲些許自由前來禱告，神特意於七天中空出一天讓你休息。

安息日當天，神要求我們拋開一切工作和娛樂，專心致志領受他的聖意並虔心禮拜。安息日可提升我們的品位和視野，是我們改善群體關係的最佳途徑。人們衣冠整潔，聚集在一起談論真道的深理，且不忘恪守真道。

你亦可於家中禮拜循道。但是你不可斷定聖日毫無意義且枯燥乏味，也不可害怕被其束縛，不然只能證明你神智未開，棄利而不顧。我要你們嚴格遵守安息日不為過，我希望你記住：越早養成遵守聖日的習慣，越早領受到聖日的恩惠。安息日之所以使人精神煥發取決於我們早期養成的安靜嚴肅的性格。如果你早期不注重安息日，你將失去一切安靜嚴肅的性格帶來的樂趣與福祉。

舊約以賽亞書第五十八章第十三行關於安息日的戒守說的最好：「你若在安息日掉轉（或作謹慎）你的腳步，在我聖日不以操作為喜樂，稱安息日為可喜樂的，稱耶和華的聖日為可尊重的。而且尊敬這日，不辦自己的私事，不隨自己的私意，不說自己的私話。」

你須在安息日掉轉你的腳步，不可行自己的私樂而不顧信主的樂。你的腳步不可遠離聖日的本旨，更不可隨自己的私樂而動。戒守聖日的那天你不可隨意行事，不可隨己

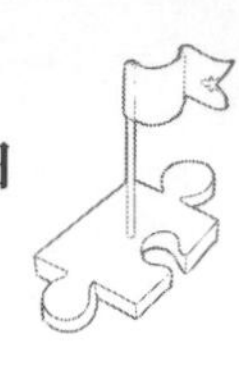

私願，你當拋除雜念虔心奉主。你必不可自說自話，禁止一切世俗輕浮的言語。不亂說話便不多思世俗輕浮的快樂，或是想到這些褻瀆神的快樂在安息之日不合時宜。

安息日你不僅要抵制俗務的誘惑，還要虔心守戒，想像這聖潔的儀式可以帶來靈魂的愉悅。如果你厭聽、厭視一切神界的事務，你則沒有按照要求戒守安息日。真正懂得聖日含義的人最盼望安息日的到來。奈腓比．巴特奈特在回憶錄中說她很愛安息日的氛圍，每次數著指頭算日期盼望它的到來。真正愛著神、敬奉神的人大抵如此。

以上只是整體說明，下面我告訴你們幾則簡單易行的戒守方法，依法行之可保你福利雙收。安息日前晚做好一切準備工作，以免次日慌亂；私事須提前完成，不可占用守日的時間；備好安息日服裝，把一切整理妥當，不可遺留至安息日清晨處理。

提早起床，盡可能縮減盥洗時間，如果時間太長將洗掉「聖靈的重生與更新。」穿上象徵耶穌清白和潔白的寬袍之後，感謝神的恩惠，感謝他保佑你的生命，感謝他賜予你一個新的聖日。

你應把所有時間用來祈禱神的現身和神的佑護。若父母喚你添香秉燭，你當欣喜為之。稍有閒暇便潛心奉讀，告知上帝你想得到哪樣的保佑並為他人祈福禱告。如果你入主日學校學習，你必將溫習功課而後心領神授，你必不可將其推延至安息日清晨。

安息日當天不可滯留家中，除非有不可離開的理由，否則一律需走出家門。去教堂的路上不得交頭接耳，盡說些無關神祇的廢話分散你的注意力。不得站在教堂入口與朋友打招呼，亦不可與同去的夥伴隨意交談。

但是我不得不說如今這樣的問題很嚴重，不管是男孩還是女孩，他們的行為在有修養的人眼中極不和諧。說與安息日無關的話乃是大忌。人們不樂意看到教堂的門口被堵住而自己只能擠過人群才能入教堂，人們也不喜歡被人盯視，特別是被一群鬧哄哄的年輕人盯視。

我同樣也得承認不止魯莽的年輕人有此陋習，許多成年人也沒有做到好的表率。什麼都不要想，逕直走向你的座位，靜靜地落座，如果距離儀式開始還有時間，你則不可斜視教堂四壁、注視他人衣著容貌，而應借此機會平靜情緒，收斂私心雜念，做好準備迎接神的降臨，默默祈求神的保佑。

如果時間足夠長，你可埋首誦讀聖經或唱聖歌，但不可在聖所閱讀任何無關書籍。如果你身邊帶有從主日學校圖書館借來的書籍，最好不要在安息日儀式開始前閱讀，因為這樣會使你心神不寧以致影響你戒守聖日，只有令人心寧的聖經和讚美書才能使你安心禱告。

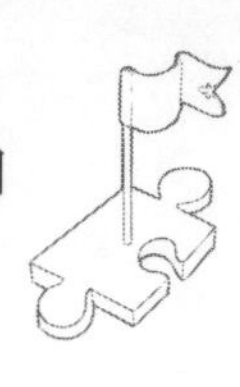

此外，不可讀任何報紙，甚至宗教類報刊也會分散注意，破壞你莊嚴神聖的儀表，憑著這幅儀表把你神聖的愛獻給主耶和華。但不止如此，我在教堂親眼見過更加褻瀆的行為：一些年輕人在牧師布道的時候竊竊私語、俯首淺笑經常見到他們一邊吟唱讚美詩一邊環顧四周，可知心思早已飄到了九霄雲外；有些借布道或唱詩的時間讀書，還有些禱告時雙目圓睜，左顧右盼。

如此褻瀆的行為對牧師來說是不可忍受的，因為這表明他的布道完全不能吸引他們的注意。當牧師以神的名義告訴你要虔心祈禱，你保證重新同教友禱告；當聖詩唱起，你保證發自內心祈禱。然而，口口聲聲地保證背後卻是最不虔誠、最褻瀆神的行為。

你應努力不行這不敬之事，真心投入對上帝的禱告和讚美中，聚精會神聆聽布道，以此領獲神的教導。你不應認為聆聽布道是大人的事情與己無關，也不可想布道乏味枯燥不能吸引你的注意。

牧師以神的名義訓誡你，告訴你許多有關靈魂救贖的真理。你能說這與自己毫無相干？難道你的靈魂不需要拯救嗎？你的靈魂就沒有迷失過嗎？你也不要憂愁聽不懂布道的內容，如果你真正用心去聽，布道就像你在學校學習功課一樣簡單易懂。

你不明白傳道的原因在於你沒有用心聆聽，沒有用心思考，你的思維在來回跳躍，

「在地上走來走去，往返而來。」你聽到的盡是隻言片語，怎能深悟布道的真諦？用你耳聽到的來檢視你的生命和心，努力使它對自己產生益處。

離開教堂後不可急於找人談話釋放壓抑，這會使你的領悟頓時消逝不見。你必要做的是回到家中立即把自己關在屋中，努力回憶聖所裡神對你的祝福和保佑。

我想你們必入主日學校學習，那裡的環境對虔誠研習的學生啟發頗大。但是好的環境往往被忽視甚至被破壞。如果在家裡不認真溫習教義，僅靠課堂上的背誦記憶根本無濟於事。你找不到絲毫的興趣，學習對你來說毫無意義。假如你在家中亦可研習聖經教義，通透教義所指，熟悉聖教真道，那將極有利於你培養基督精神。

正確完整地掌握主日學校的基督課程會使你增強記憶力並且提高你的學習興趣。你在主日學校學到的普世行為準則同教誨敬拜奉行的一模一樣。你當記得這是聖日，主日學校是宗教人士的聚會，一切輕浮的舉動在這裡都是不允許的。

如果你想得到神的庇佑，保持嚴肅的儀態是必過的一關。尊師愛校的傳統要求你必須在記誦經文教義或在教師和你談話之時集中注意力，不可隨意談論他事或閱讀書籍。回答教師提問時，答案必須完整明確，不可三言兩語隨便應付，而要充滿感情地分析與說明問題。

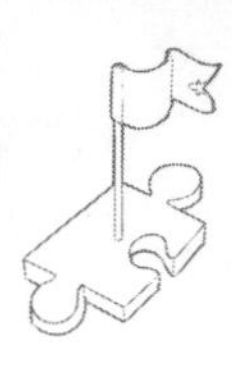

但是你應小心盲目自信、盛氣凌人，不可自恃高明而貶低教師，沉溺其中將對你的性格造成很不利的影響，你也將成為聰明人嫌惡的對象。

一些剛剛度過童年的年輕人覺得自己沒必要再上主日學校了，所以他們開始缺課，直至完全放棄。我想這是源於對主日學校本質的錯誤認識，主日學校不僅接收孩童，它還是一所面向大眾的聖經研習學校。既然進了這學校，就不要隨隨便便離開。中途棄學而去將來受損失的肯定是你。

如果你只在教堂禱告，而不參加主日學校和午後拜神儀式（很多人都這麼做），你將會受到外界的誘惑，褻瀆安息日的聖潔。為避免類似情況發生，謝絕與朋友會面，不可同他們聚眾交談。

但是不管你的意志力多麼堅強，你都很難不說一些不合時宜的話。這時候你可以拿出主日學校圖書館借來的書閱讀，只要你能保證午後拜神儀式開始前停止閱讀，或者保證不因癡迷書中內容而旁然不顧。

然而，很多孩子甚至包括一些年輕男女都喜歡在祈神儀式上閱讀，這不僅是不虔誠的表現，也是對良好品德的踐踏。他們輕視為神舉行的儀式，不屑牧師的布道，認為這些對自己毫無意義。

你應當留下足夠的時間學習主日學校的課程，我認為最好在安息日開始前幾天，這樣你就不用在安息日還想著功課的事情，畢竟安息日一天都是休息的時間。如若不行，我建議你在安息日下午學習教義，待下周安息日清晨複習一遍即可。

你需要在安息日下午或是晚上的某一時間在父母的指導下記誦《教義問答》，我希望我的讀者不要誤以為《教義問答》在地位上僅僅次於聖經，但是《教義問答》的確是一本可以幫你養成堅定虔誠的宗教意識的好書。

如果你能整篇記誦，即從頭到尾一字不差的背誦下來，你將受益終生。不過現在還不斷定你將獲得什麼益處。在你童年的記憶裡，你一定忘不了和父親一問一答的教理知識練習。這裡我建議你像學習主日學校的功課一樣安排安息日之外的時間記誦《教義問答》。如若不行，你可利用安息日下午或晚上的時間學習。

如果你在安息日之外的時間學完主日學校的功課，你便可在安息日的下午或晚上除了參與家庭敬拜和記誦《教義問答》之外，閱讀一些敬神的圖書，日程緊湊卻不至於加重你的負擔。

假使你一週時間都用來學習，你就需要休息一下，我建議你在安息日當天唯讀一些宗教書籍，只參加一些宗教儀式，目的就是讓你的心靈更多得到休息的同時，也加深對

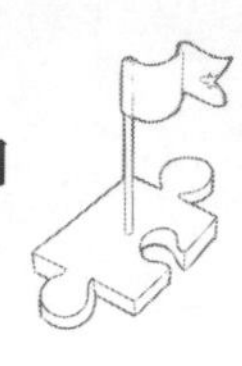

宗教的理解。

聖日這天，你應該待在自己的房間比平時更用心閱讀聖經、更虔心禱告。除了閱讀聖經，我特別推薦你們閱讀一些宗教傳記，比如說班揚[3]的《天路歷程》和《聖戰》，歐比涅[4]的《宗教改革史》等等。但是禁止在聖日閱讀民間野史或通俗書籍。

通常認為，你在安息日下午閱讀的那些主日學校圖書館的圖書是安全的，雖然不敢保證沒有一本不宜在聖日閱讀的書不會出現在你面前。晚上要就寢之前，用一點時間回顧一天的經歷：回味牧師的布道，檢視一天的成績，對遺漏的祈求主原諒，為你所有的祈拜活動向主索求恩賜。

每當度過一個安息日，你都將領受神的祝福，神祝福你六天好運，更祝福你一生好運。神使你養成了良好的宗教習慣，為此你對他的感恩要一直延續到死亡之日。當你習慣了戒守安息日，不再認為它們漫長無聊的時候，你這才發現安息日是七天中最幸福的一天，遺憾時光太匆匆，你未好好地敬拜它就已轉身而去。

3 約翰．班楊（John Bunyan，西元一六二八至一六八八年），英國英格蘭基督教作家、佈道家。著作《天路歷程》可說是最著名的基督教寓言文學出版物。其他代表作：《豐盛恩惠》、《聖戰》、《惡人的生死》、《聖城——新耶路撒冷》等。

4 歐比涅（Jean-Henri Merle d'Aubigné，西元一七九四至一八七二年），瑞士新教主教，宗教改革歷史學家。

神抽一天時間給自己，命令人類守為聖日，這即表明他將用神權監督人的奉行。我們做的事需得到他的認同。他古代的子民，即以色列人拒絕奉行安息日，把聖日踐踏在他們的腳下，結果神把他們統統清除出去，放逐他們在異域的土地上整整七十年。《利未記》第二十六章第三十四、三十五行已有警示：「你們在仇敵之地居住的時候，你們的地荒涼要享受眾安息，正在那時候，地要安息，享受安息。地多時為荒場，就要多時歇息，地這樣歇息，是你們住在其上的安息年所不能得的。」《歷代志下》第三十六章第二十、二十一行解釋了為什麼他們被驅逐到巴比倫：「凡脫離刀劍的，迦勒底王都擄到巴比倫去，作他和他子孫的僕婢，直到波斯國興起來。這就應驗耶和華借耶利米口所說的話，地享受安息。因為地土荒涼便守安息，直滿了七十年。」

我想不通現在的神為什麼不像過去那樣動用他的神權懲罰那些不遵安息日的人，但是我絲毫不懷疑他所做的，如果我們得以覲見那如聖經中所寫的神威，將沒有人再懷疑。馬修．黑爾[5]先生經年在外奔波，他以自身實際證明他的事業蒸蒸日上與恪守安息

5 馬修．黑爾（Matthew Hale，西元一六〇九至一六七六年），英國專門律師、法官。

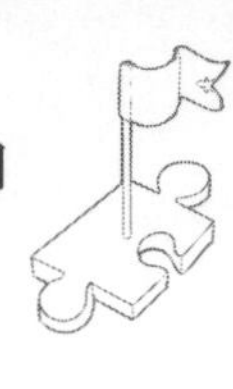

日不無關係。但他同時又說自己在安息日許下的願望從來沒有得到過兌現。

為達到警示目的，我在這本書裡不得不說一下年輕人因在聖日這天肆意玩樂而發生事故的故事。今天夏天的某一個星期，無論是小孩安息日玩水集體溺亡的消息還是聖日海邊游泳溺亡事件頻頻見於報端。許多諸如此類的重大新聞被收集印刷成冊，還有很多更有警醒意義的書籍以各種方式配送到人們手中，告訴他們戒守安息日是福，破壞安息日是禍。

我的目的非常明確，就是要提醒我的讀者深刻意識到恪守安息日的必要性以及對你性格的影響。我希望那些已經遵守安息日並將堅持下去的年輕人可以把這個習慣堅持到老，也希望那些因年少輕狂而無視神的聖日的年輕人可以改過自新。總之，我希望你們考慮清楚一個問題：安息日破戒者不要期望神的庇佑。試想神放棄了你，你將情何以堪？

安息日那天，一群孩子決定划船出海遊玩，出發前一個年輕的女孩告訴她的弟弟：自己如果不遵守安息日心裡就感到很不安，還說必須馬上回家。可是弟弟渴求姐姐不要走，要她留下來陪自己玩，不然自己玩不有趣。姐姐為讓弟弟高興就答應了他。

誰知船翻了，姐姐被淹死了，此時悲傷欲絕的弟弟後悔不該把姐姐拉上船。是他一手製造了姐姐的悲劇，他站在原地，緊緊握著拳頭，痛苦地嚎叫：「天啊，我該怎麼做啊！我哪有臉去見父親！」

波士頓有一個男孩，他的父母頗受鄰里尊敬，他自己也立誓做一個受人尊敬、對社會有用的人。他在學校為人正直，是人家公認的好學生；他在主日學校也是讓人喜歡的孩子，他的母親決定將其培養成才。

然而，在某個安息日，他被一夥壞孩子引誘沒有去主日學校上課，和他們跑去了切爾西城，這便是他墮落的伊始。後來發展成為欺騙母親不讓她發現自己的行為。

母親問他去主日學校沒有，他就說去了；母親過問他的功課，他就為她背誦一段，母親那天下午沒能去學校，所以她根本沒發現兒子在騙自己。其實他事先背誦一段布道的內容用來迷惑她，母親聽了很滿意，覺得兒子確實去主日學校上課了，沒有出去幹壞事。

他就這樣輕易欺騙了母親，不守聖日跑出去玩耍，爾後故伎重演使她相信自己乖乖待在主日學校學習。他放縱自己和壞孩子勾結，心也變得狠了起來，漸漸地有了犯罪的苗頭。

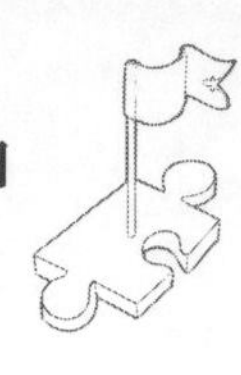

第十章　恪守安息日

他曾受僱於一個報商，當他的跟班。他每天的工作就是去郵局接收信件包裹。時間久了，他發現經常有人把錢塞進信封裡寄給他的老闆，一段時間後他辭去了跟班的職務，但是信封裡鼓鼓的錢一直在他的腦中縈繞。他想既然我破壞過安息日的規矩，欺騙過母親，還和壞孩子一起混過，還有什麼我不敢做的呢？

隨即他截獲了那些信件，撕開信封搶走了裡面的錢物。最後他被判了刑，坐了兩年大牢。為我講述這個故事的先生說一天他去監獄探監，發現了該男孩的母親和姐姐透過鐵窗跟他說話，她們掩面而泣，看樣子是傷透了心。

一切的罪過統統源於不遵守聖日和貪圖玩樂。調查一下被關押的年輕人的犯罪原因，你會發現很多都是因為沒有好好戒守聖日而最終釀下了苦果。他若在安息日掉轉他的腳步，在聖日的敬拜中尋找樂趣，他現在該與他的母親和姐姐安靜地享受家居生活，也不至於同一群窮凶極惡的罪犯一起關在骯髒的囚室裡。

第十一章　習慣

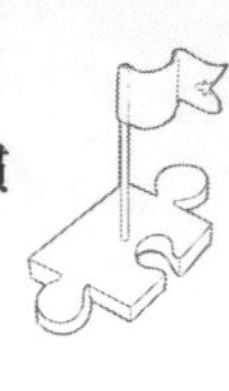

第十一章　習慣

以上章節中我說明了性格培養的幾點問題，除此之外，構成統一完整的性格還有很多其他因素，我把這些都歸之於習慣。

習慣是經過不斷重複某種行為而形成的一種規律性行為。因為人們不斷做某件事最終才養成了習慣，但是或許他們一開始不喜歡這樣做。

有人把菸葉製成可吸食的香菸，想想誰願意把這有毒的植物製成的東西放在口中吸食呢，想想都覺得可怕，可是長期的吸食使人們開始喜歡上這種毒物，這就叫作習慣。同樣，有些人愛好致人迷幻的烈酒，在一般人看來這簡直是毒藥，它危害社會毀滅精神。但是長時間飲用使得烈酒變成了給人快樂的飲料，這個過程也叫作習慣。

習慣有好有壞，有極好也有極壞。習慣大多形成於人生的初期，一旦形成便很難改掉。習慣一旦固定，將跟隨你漫長的一生。

這裡我要列舉一些你們這個年齡段的男孩容易養成的壞習慣，並且拿好習慣與之進行對比。我很有可能會漏掉一些重要的方面，但是僅憑這些問題就足以引發你的思考，引導你發現並改正其他壞習慣。

懶慣了的孩子早晨起床總愛拖拖拉拉。大公雞在耳邊雄赳赳嘶鳴起來，屋外到處是鳥兒婉轉的歌聲，早晨的陽光透過半掩的窗簾照了進來，這時他還在想：「時間還早呢」。雲雀早已飛上枝頭，懶骨頭依舊賴在床頭。

「再睡一會，再睡一會，別吵，別吵……」終於起床了，伸伸懶腰，慢條斯理地套上衣服，東摸西摸，時而停下來玩耍，時而盯視天花板。有時連衣服都沒穿好就翻開舊報紙閱讀，一會兒就到了吃飯時間，可是還沒洗漱完畢。

爸媽一遍遍催他趕快，每次都說「快好了」應付他們。磨蹭到最後，媽媽或妹妹幫他做了家務，爸爸和僕人被喚來換去幫他找東找西，最終等別人做完了禱告要開飯時，他才坐到了餐桌旁。因為剛剛起床，吃飯沒胃口，心情變得急躁不安，滿臉的不情願，他早已忘記感謝天父賜予的食物，感謝媽媽辛辛苦苦準備的早餐。

就算早早就穿好衣服，他也不會馬上做好吃飯的準備，想不起來要把昨晚未完成的作業補完。每當聽到喊自己吃飯，卻連腳都懶得動，心想時間還多的是，先忙自己的事再說。

就這樣他錯過了早飯時間，大家無法浪費時間早早地吃了起來。由於沒能趕上和大家一起吃飯，結果大家都吃完了自己還沒吃完，錯過了和家人一起禱告的機會。家人已經開始禱告，他走進來打亂了家人的禱告，可卻怎麼也找不到自己的位子，輪到自己唸禱詞時不知道該說什麼。

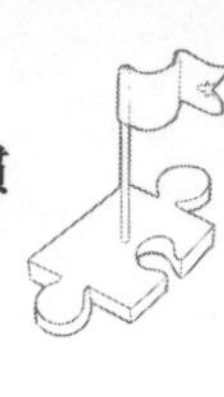

第十一章　習慣

這種懶散的模樣一直延續到快上學的時候，上學的路上依然慢吞吞，等全班響起朗朗的讀書聲他才挪進教室。安息日晨禱，隨著一聲鐘鳴，全家積聚一堂做禱告，可是他卻像剛剛從夢中驚醒一般不知所措。

以後不管做什麼他都是這麼拖拖拉拉。父親或母親使喚他做事時，他卻不像孝順孩子那樣立即出現在他們面前聽候指示，而是隨便以「一分鐘」或「馬上來」這類的託詞應付他們。

有些事情必須事先安排好，免得自己份內的事推給別人去做。他或許根本不知道什麼叫速戰速決，事情來了總是手忙腳亂地應付，原因就是他懶得利用時間事前準備。他總是遲到，總是不守時，他犯了錯卻拿周圍的人出氣，到頭來還是自己傷害了自己。

他好像什麼事都比別人慢半拍，我們認為他的人生推遲了起跑——天生慵懶的個性怎麼可能抓住好逝去的時光呢。他往往還沒來得及真正開始，時間早已擦肩而過了。有一天男孩長成了男人，如果還任由懶散的習慣發展的話，那對他來說無疑是一大困擾，甚至一場災難。

假如他當上了維修工人，他總是不能全身心投入到工作中去，他的服務總是達不到顧客的要求，顧客最終揚長而去；假如他當上了商人，他總是失約，丟掉本該屬於自己的訂單。他的期票被銀行認為過期失效，還不了朋友錢的他又丟掉了朋友的信任。懶於理財的習慣最終導致生意場上的失利。如果把這種習慣一併帶進宗教裡面，他的靈魂也將被毒害，死神才不會給你時間準備呢。

悲劇的發生好像只是早晚的事情，不過只有在懶散發展成習慣時才會帶來這樣的結果。只要及時做出決斷並且努力改進，就能打破這種習慣。

與之相對的是做事勤快與遵守時間。天剛亮，勤快的孩子從床上一躍而起，幾分鐘時間就完成了洗漱穿戴，接著跪下做晨禱，不一會就進入了工作狀態。

早飯前，所有的雜務都是要處理完畢的，這樣他就能很好地利用早飯後和上學前這段閒置時間溫習功課或者做一下運動。他總是那麼準時：吃飯時從來不讓別人等，從來不在晨禱結束後才出現；禱告向來很及時，上學從來不遲到，出席聚會也相當守時，他從不慌慌張張趕時間。

因為勤快，他節省下很多時間，他完全可以利用這些時間把每件事都做的恰到好處。沒有時間觀念的孩子總是走來走去，思考下一步做什麼，或者讀一些沒意義的書籍，或是坐著發呆，而勤快的孩子總是把一切別人浪費的時間很好的利用起來。

你們難道不想養成這樣的好習慣嗎？只要你們能堅持下來一天勤快的工作，並且以

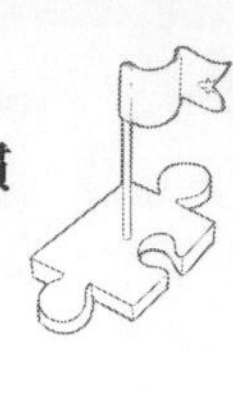

後每天堅持不懈，不出多長時間你就能養成這種良好的習慣。

邋遢的男孩總是麻煩不斷，考驗媽媽的耐性。走進他的房間，看見到處都是亂糟糟的，東西亂七八糟堆了一地，床上也是，椅子上也是，統統不是放的位置。他沒有專門的地方放置這些雜七雜八，自己也懶得收拾。用過的東西隨手一扔，所以每當找東西時，他就不知道該去哪找，除非他記得最後一次在哪裡用過。

為了找東西就浪費了好多時間。經常聽到他氣鼓鼓地問別人見到他東西沒有，實際上這是他自己的錯。如果他進別人房間搜查，所到之處肯定是一片狼藉，他也是這樣翻找父親工具箱裡的工具的。他從不考慮用過的東西要放回原位，而是隨手一扔或者胡亂擺放，需要時總是找不到。這不僅浪費自己的時間，同時也給別人的正常使用造成了麻煩。

他去書房拿起一本書，讀完後不是隨便放一個地方打亂書架的排序，就是擺在架子上其他書的前面等著爸爸媽媽為他收拾。他的課本常常被塗得髒兮兮的，上面沾滿了鉛筆筆跡，大塊的墨跡、油漬和手印，有些還受到了折損。如果他從安息日學校圖書館或是朋友那裡借了書，歸還的時候他肯定會把這本書弄髒。

無論他做什麼都是一副邋遢的樣子，挑擔打水濺的滿地都是，柴火堆放的到處都是，沒有一件事情能完成的既乾淨又俐落。

他不注意打理自己的外貌，衣服鬆鬆垮垮，每次穿過衣服都是髒兮兮的。一身乾淨的衣服要不了半個小時就沾上泥巴，雙手總會沾上髒東西。牛奶濺到衣服上面、油汁滴在衣服上，還在泥土裡打滾，渾身上下沒一處是乾淨的。

釘子或閘門鉤住衣服，劃破了還得讓媽媽縫補。如果沒人管他，他絕對不捨得洗臉，也懶得刷牙。有時候你會想他臉上的灰「肥沃」的都能長出草了。

進屋時鞋子上沾著泥，但從來想不到擦乾淨鞋子再進來，結果留下了汙跡在媽媽拖的乾乾淨淨的地板和洗得晶亮的地毯。他好像忘了門前的墊子上幹什麼用的，對它們視若無睹。

隨手把帽子放在椅子上，或是直接仍在地板上，從來不是把它整整齊的掛起來。他消耗著母親和妹妹們的耐性，自己在家裡也越來越不受歡迎。

邋遢演變成了漠不關心，他從來不去思考自己的所作所為，只要有誰擋了他的道，他會毫不猶豫踩過去把它壓個稀爛，他這樣做不僅僅傷害了別人，也傷害了自己。你擔心他朝你走過來，想著有什麼不幸會發生。他走路不看腳下，也不顧手裡的東西是否握的夠緊。進屋的時候從不想門關了沒有，甚至在溫暖的初夏本該開門通風，他卻把門關的死死的；寒風凜冽的隆冬本該閉門保暖，他卻讓大門打開。

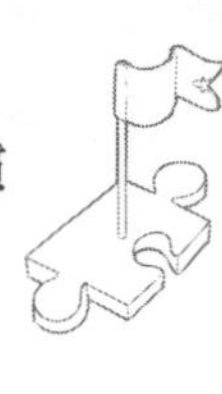

第十一章　習慣

凡事漠不關心的人時常發生狀況和遭遇困難並因此常常自取其辱，但是只要他們多留心多觀察，是完全能夠避免的。這種毛病一旦養成便很難改掉。因此，趁其尚未定型及時加以改正才是良策。

不用我告訴你慵懶和粗心的對立面是什麼吧。喜歡乾淨、整潔和井井有條的孩子有一條不變的原則——物有所歸，條理分明。無論早晚你走進他的房間裡參觀，你會發現一切都是那麼有條理。

就算黑暗中行走也能找到準確自己需要的東西，這樣就用不著帶煤油燈照明了，也不用擔心把房子給燒著了。他要求東西必須放在合適的位置，要做就做的最好，要不然根本就別做。

他從來不把東西放在自己伸手拿到的地方，而是放在該放的位置。脫去衣服後，他把每件衣服都疊好，規規矩矩地放在那裡方便早上穿戴，這樣就省去了找衣服的時間。

衣服穿在身上要顯得乾淨合身，每顆扣子要扣得工工整整。鞋子每天早上都要刷得乾乾淨淨，鞋帶要繫得大方得體，這樣看在眼裡才不會感到不適，耳朵也不會受到滿是泥垢的鞋子所發出的聲音折磨了。

不管他走到哪裡，他總是把用過的東西放歸原處，他的原則就是用了別人的東西務必歸還原主。當他手裡拿著茶杯、煤油燈好或是類似的物件時，他總是小心翼翼地端平，然後輕輕邁步向前，腳步從來都是穩穩當當，就算是喜好整潔的家庭主婦也不會像他那樣很好地處理這些麻煩。

去圖書館還書，他會小心地把書或報紙放回到原處。如果拿起書本閱讀，他會把它緊緊地握在手裡，避免從手中滑落或是碰觸損傷到封皮，他握書的姿勢既不會損傷書背，也不會折皺書頁。中途離開時，要插上書籤，合上書本後放到安全的地方。從來不去想書本除了供人閱讀之外是否有其他功用。

讀完一本書後，要到圖書館還書並放歸原處。不能把書倒過來放，也不能把扉頁靠著書架的背面放置，原封不動放好然後把書豎直一併與其他書並列整齊。他所有的課本保存的既乾淨又整潔，沒有墨跡，沒有鉛筆筆跡，也沒有髒髒的手指印和折角。

經過有人在的房門時，他會根據情況關門或開門，根據屋內人數多少判定門縫打開的程度，調節到人們適應的溫度。

他也很注意個人形象的打理。他穿衣之前必先盥洗完畢，手不洗乾淨絕不坐下吃飯，習慣保持衣服的乾淨與整潔。吃飯時，不讓食物黏到衣服上；上學時，小心使用墨水不讓墨水弄髒衣服；玩耍時，盡量避免沾上泥巴。乾淨的孩子衣服就算一週不洗也能

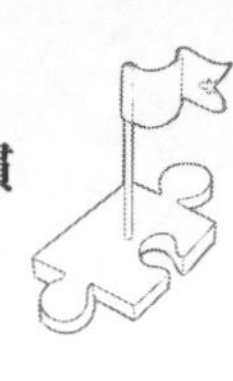

保持乾淨整潔，而邋遢的孩子的衣服剛穿一天就能磨出個大洞。

他也很注意保持室內衛生。進屋前從來不忘用鞋刮子把泥土刮掉；還堅持一定要擦乾淨鞋後才踏上墊子。懂得乾淨的孩子不會像邋遢的孩子那樣找藉口：「我沒有想到」，他認為講究衛生是自己不可推辭的責任，如果該想到的卻沒想到，那麼我們留著腦子還有什麼用呢。

乾淨規矩的孩子總是能與母親和姐妹和睦相處，大家都喜歡看到他，對他來說家庭是快樂的花園，身邊到處是人們的微笑和真誠的讚美。然而邋遢的孩子因為不愛保持乾淨只能遭受別人的冷眼和嘲諷，他開始覺得自己與家人格格不入，這一切都是他的任性造成的。

「粗魯」這個詞條並不專指某個人的習慣，它可以用來解釋許許多多不文明的習慣。韋伯斯特這樣定義這個詞：「粗魯：粗製的，原始的，未開化的，滑稽的，粗俗的。」粗魯不是某一習慣的代名詞，而是由一系列習慣組成的整體。因為數量眾多，所以這裡不再一一列舉了。

粗魯的孩子待人接物時總是幼稚魯莽不懂變通，講話粗聲粗氣，做事不拘小節。他進屋不摘帽子，對客人視若無物。講話大聲而激烈，經常突然打斷別人的談話。聽到有趣的地方，他迫不及待想知道事情的來由，問別人：「說的是誰？說的是誰？最後怎麼了？」他一直說個不停，就像老風箱一樣說不停。

切記不可講沒用的話，避免隨便發誓和使用粗俗的表達方式。否則就是褻瀆他人。經常說，「如果是我，我敢發毒誓……」如若不加糾正，習慣形成後極有可能招致褻瀆的罪名。

男孩們經常犯的另一個毛病是互相開玩笑，表面看起來是一方的智慧高於另一方，開的玩笑也更高明。可是這裡說的「玩笑」根本不是什麼智慧，玩笑只是愚蠢的人說出的愚蠢的話，這些自作聰明的俏皮話只能被定義為粗俗不堪的廢話。

粗魯的行為可以表現在很多方面，不過它們卻很少被準確定義。我只能把臨時想到的幾個缺乏教養的反例提供給大家參考。

和上司稱兄道弟是魯莽，事事強出頭也是魯莽，另外，人前俯首帖耳是膽怯，別人與你談話你拒絕回應或是講話不清不楚，好像害怕和人說話似的。

小孩占據最好的座位或是別人站著唯獨你坐著都是不懂事的表現，你時而斜倚在椅子上，或不雅地靠在椅子的一邊，或張開雙腿兩腳繃直；時而占兩個位子來回搖晃；時而手腳並用，摩擦書本、傢俱、窗櫺或是牆壁。除了這些，還能再列出百餘種這樣的惡

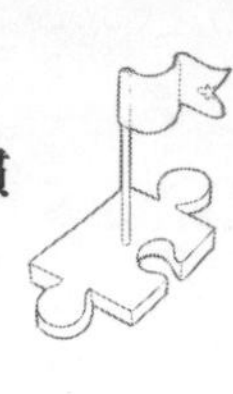

習，我們可以看到惡習的養成不僅僅是因為缺乏良好的教養，還缺乏對得當的舉止和高雅品味的培養。

男孩還容易養成別的壞習慣，這些習慣會阻止你成為一個紳士，比如大街上大呼小叫，跳上馬車坐順風車，朝路人高聲呼喊，公共場所聚眾滋事，盯視路人等等。所有這些行為都讓人不能容忍，有這類習慣的孩子在文明人眼裡都是低等的、缺乏教養的壞孩子。

比起我上面提到的那些壞習慣，一些男孩子甚至沉溺於更壞的習慣。他們趾高氣揚地走在馬路上，嘴裡夾著雪茄菸，有些時候甚至嘴裡塞滿了令人噁心的印度產菸草，也就是菸葉，那樣子好像是說把自己扮成副壞模樣的是成為男人的必須條件。

你會經常從他們口中聽到褻瀆的話語，說話時竄來一股夾著菸味的口臭。抽菸或吸食有毒物質充分暴露了這個人無節制的本性和好交狐朋狗友的惡習。你看見一幫狐朋狗友在酒館喝酒，或許這就是引發他們犯罪的導火索。

菸葉是一種強有力的植物毒藥，它能擾亂人的神經系統並讓人產生依賴。少量吸食就會給身體對來危害。但是男孩一旦要靠酒精來尋求刺激，那麼他離自我毀滅也就不遠了。一旦沉溺於其中任何一項，都將加速你的墮落。

說起酒精刺激，在美國戒酒協會形成之初，我與當時一名技術工人有過一次談話，他告訴我幾乎所有與他一樣的學徒都會時不時喝上幾口，時間長了就變成了酒鬼。

許多年前，在我們國家某一個大城市裡有五十名商店職員，他們經常光顧一家店並在那裡整夜地進行社交活動，手中的酒瓶成了必不可少的夥伴。

一天晚上，一個人離開酒館後突然開始反思迷戀酒精的下場，最後他得出結論，如果不加制止，他整個人將被毀掉，所以他決定從此不在踏入酒館一步。

第二天晚上，發現自己不自覺的來到了酒館附近，可正當他要拐過街角的時候（街角對面便是酒館），他突然想起了自己做過的決定，遲疑了片刻，對自己說：「向後轉！」

就這樣他回來了，之後再沒有在酒館附近出現過。如今這個人已經成為這個國家最富有、最受人尊敬和最被人稱道的成功者之一了，而剩下那四十幾個依然沒能離開酒館半步，依然毫無節制地飲酒，他們終將走向自己掘下的墳墓。

賭博——另一種有罪的習慣，賭博讓人不慎結交惡友、做出不義之舉。賭博摧毀了千千萬萬有為青年的前途。

千萬不可淪為任何習慣的奴隸。徹底遠離酒精、菸草、賭博還有褻瀆人神的語言。

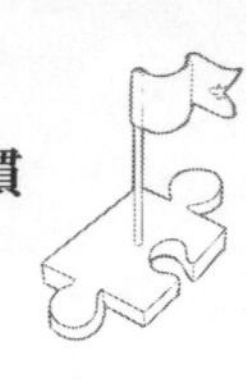

第十一章　習慣

一旦你染上任何一種惡習，後果都將如洩洪的水一樣，剛開始緩緩流淌，不一會便衝出管道肆虐開來，這時候任何努力都是白費。

在挪威西海岸有一股力量巨大的渦流，名叫「挪威西海岸大漩渦」，漩渦經常吞噬過往的大船，當船隻靠近這個恐怖的深淵時，剛開始還只是繞著漩渦打轉，一兩個來回漩渦對船隻的吸力越來越大，船隻離漩渦的中心也越來越近，直至最後被完全吞沒，消失在海平面上。

不良的習慣也是一股漩渦，當一個人掉進了這個漩渦，他的生命也接近了完結。對年輕男人或男孩來說，唯一安全通過的方法是保持與漩渦的距離，絲毫不去接近它。

第十二章　鍛鍊身體

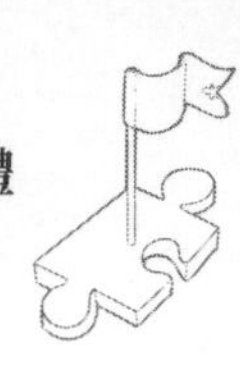

第十二章　鍛鍊身體

一看到標題讀者可能會發笑，但是片刻的思考過後你會發現沒有任何事情比鍛鍊身體更重要的了。我已經說過，教育的宗旨是鑄造性格，年輕時打下基礎會使你終生受益。

為此，身體和頭腦都需要接受訓練，羸弱的身體使你反應遲緩和精神低落。正常的思維需要健康身體的支撐，而健康的身體透過運動來加強。身體不僅僅要保持健康，還需要不斷練習。

你要訓練自己的雙手使其輕巧靈活，精於各種手工；行路時步伐穩健大方得體；適量運動保持全身肌肉緊繃，讓每塊肌肉都結結實實，充滿力量。科學的鍛鍊身體各個器官很有必要，這不僅可以提高肌肉運動的效率，而且還可以在運動時保持優美，自然與順暢，同時可以塑造輕盈的形體與完美的姿態。

這裡我不再做深入分析，只與大家分享幾個小常識：

◆鍛鍊身體，服從意志

有一些孩子走路時習慣做一些小動作，他們來回踢腿把胳膊甩來甩去，身體左搖右擺腳步急速，還不住地打著響指。看到他們你會認為他們的意志完全沒有對身體起到抑制作用，身體動作自由而無節制，意志卻沒有及時控制。如果你很早就嚴格要求自己用意志控制不必要的小動作，你的動作將更加協調，這樣不僅使你改掉那些讓人看來很不雅的小動作，還能使你在人前消除緊張情緒，對此你日後自有體會。學會用意志控制你的身體，不做自己意志之外的事情，你也就不會緊張了。

◆不可熬夜

對父母監護下的少年來說，這好像是一個用不著討論的話題。事實卻是父母並沒有完全考慮到熬夜會對人的身體健康帶來多大的危害。如果說孩子玩樂過度是放縱，那麼熬夜或是夜晚在外面閒逛簡直就是在耗費生命。熬夜打破了人體正常的生物鐘，白天變成了黑夜，黑夜變成了白天。如果你不怕自己面無血色、病病殃殃，或是神經緊張、一事無成的話，那麼就熬夜吧。

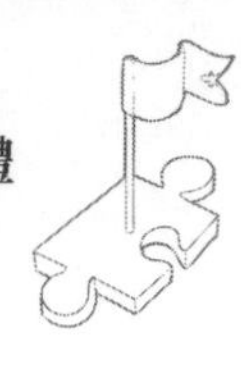

◆早起

有人說要想皮膚光滑、臉色紅潤、容光煥發的話，最好每日清晨採集露水洗面，我不敢保證露水有無如此神奇的功用，但卻不妨一試。趁著夏日氣溫升高之前，早早起床走到外面，任憑帶著涼意的微風從身邊拂過，駐足傾聽遙遠部落傳來的美妙音樂，縱情於和諧美好的大自然，歌唱造物主的偉績，這一切的一切無不給人帶來心靈的寧靜和身體的歡愉，你的臉龐得到了滋潤，質樸的儀表煥發出美的活力。露水洗面沒有任何壞處，如果你能堅持以露水洗面，請在太陽灼乾它之前將它蒐集起來吧，塗到臉上細軟柔滑。

◆勤洗浴

不經常洗浴的話，人的身體便不會保持健康的狀態。若想保持身體的清潔與健康，須每日至少一次以冷水遍洗全身，不敢嘗試者絕不能體會其中妙處，如果不經常冷水擦身，身體功能將難以持續正常運轉。手錶內部的機械零件一段時間後會黏上汙垢，將其拆卸清理才得以正常運轉。但是人的內部構造要比一塊錶複雜得多，人的身體由太多不同的部分組成，其中一些是高靈敏、超精緻的紋理組織，如此龐大的「機器」需要各部分密切合作才能正常運轉。要時常清理淤積在「齒輪」與「齒鏈」間的汙漬，透過皮膚表層毛孔的自潔功能把皮膚表面的汙漬清除乾淨。如果不及時清理，髒汙會堆積在皮膚表面，阻塞毛孔的呼吸，妨礙體內毒物的揮發，進而把本該排出的有毒物質堵塞在體內。任憑其發展，發生疾病在所難免。所以我建議，放足水沖澡吧。

◆保護牙齒

牙齒在動物世界中發揮著巨大的作用，它能幫助胃部咀嚼食物，牙齒做不了的交由消化器官來完成。因此，一個人的健康很大程度上與是否擁有一口強健的牙齒有關。同時，要想擁有洪亮的嗓音和青春的容顏就必須呵護好自己的牙齒，如果得到有效的護理，牙齒幾乎是所有器官中最難以衰竭的。我告訴你保護牙齒最好的方法就是每天都要刷牙，飯後用帶尖的羽毛剔牙，剔除遺留在齒縫間的食物殘渣，擦掉附著在牙齒表面的牙垢，這樣才能保持牙齒的健康與清潔。每隔一年就要看一次牙醫，讓牙醫檢查並護理你的牙齒。保持牙齒的清潔可以抵禦其自身的衰竭。如果牙齒開始腐壞，牙醫發現及時便可制止。

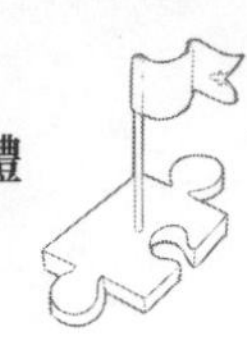

動起來

人體為運動而生，身體各部分都是為運動而構建。既然身體是運動的，靜止不動必然沒有任何好處。消沉無力的人沒有任何的活力。運動可以強健身體器官的功能，如果你希望擁有力量，必須加強身體鍛鍊才能使體力得到增強。堅持鍛鍊還有利於身體各個關節的靈活，例如，透過大量的訓練可以使手指做出各種不同的動作，也就是達到十指靈活的程度。身體同樣也需要透過鍛鍊來保持健康的狀態。它是一臺大型機器，內部各個部分每天都要做很多工作，要負責把食物轉化成血液，然後流經無數的微血管千萬次地向全身各部位輸送。不過，當身體總是不活動時，機器也就停止了運轉，它需要一股外在的力提供動能。沒有比懶惰更令人痛心的事情了，懶惰像是荒廢的風力磨坊，一切都動不起來。

學會安靜

世間萬物都需要修生養息。如果人體始終處於高度運轉的狀態，晚有一天會筋疲力盡。為此，上帝為我們制定了休息計畫——每天晚上和每週的週日。還有一些情況不適合過度興奮，比如在做家庭禱告時，或是在教堂裡。同樣，在學校或是陪伴朋友或是與家人同坐等等其他的情況下，來回跑動時被禁止的。自己只有學會控制自己，知道怎麼保持安靜才算是一個成功的人。我認為對於年輕人來說，知道何時需要安靜、懂得何時需要有自控能力已經是很不容易做到的事情了。

◆身體越自然越健康

這不僅留住了美麗，還趕走了殘缺。學校裡上課的學生或者長期做案頭工作的人最容易脊背彎曲。自然狀態下人的軀體是最美的，當不良的習慣扭曲了身體，你自己看會舒服嗎？不能走路彎腰或是聳肩，要站有站相、坐有坐相，背稍稍彎曲，胸膛微挺，肩膀擺後，額頭高抬。因為身體一天天成長，骨骼和肌肉還未發育成熟，所以每天稍稍注意一下自己的坐姿走相，那麼以後一定能把身體練就的既美觀又對稱，錯過身體的發育期就再也沒有這種機會了。身體健康多自然，勝過醫生開藥方。

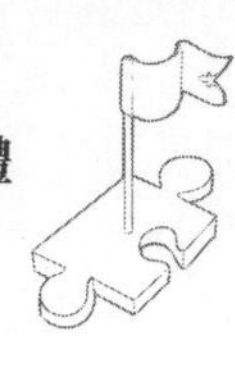

◆不要穿衣過緊

試著把自己想像成一隻黑色的大蟒蛇（或許你會覺得這種比喻很可笑）但是如果你了解一些黑蛇的習性，不難發現它們殺死獵物的招式並不是致命的毒液，而是將其緊緊纏繞，阻斷血液流通，把身體當成一條粗繩使獵物窒息而死。不用我說，穿衣服太緊與大蛇纏身是同一種感覺。不管是身體哪個部位，脖子、胸膛、胳膊還是下肢都被過緊的衣服包裹著，這和黑蛇纏繞著獵物有什麼兩樣呢？衣服過緊能阻礙血液的正常流通，極易導致被壓迫部分產生病變。如果你感覺到衣服裏壓到自己透不過氣來，就想想那條黑蛇吧。

◆控制你的面部表情

你或許認為這個建議十分奇怪，不過我要你對此打起百分之一百的精神。如果你把你的心理活動都放在臉上的話，那一定會破壞你那漂亮的臉蛋。假使你遠遠望見一個年輕有為、面容姣好的少年，可是走進一看才發現他的臉上布滿了小洞，洞口時不時竄出毒蛇的頭，朝你吐著蛇信，你會做何感想呢？人們內心埋藏著有罪的欲念，比如驕傲自大、嫉賢妒能等等這些都是蛇蠍誕生的溫床，如果任由其發展，它們就會射出毒液。多麼一張完美的面龐啊，但是完美面龐的下面卻潛藏著高傲、不屑、輕視和嫉妒！而那蛇信的嘶嘶聲又是代表什麼呢？所以，你要學會控制表情且面帶鎮靜，這將大力提升你的外在品味。

◆要有節制

有節制的生活可以避免你走向極端。不僅僅是忌吃忌喝，更要在一切事物上都要有節制，比如飲食、追打嬉鬧、娛樂等等。

第十二章　鍛鍊身體

第十三章　勞動光榮

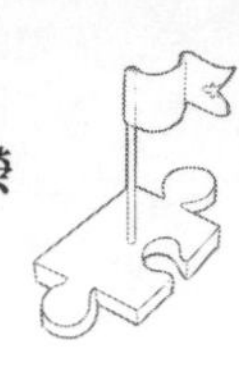

經常看到男孩們為了玩耍而不顧一切，可每當被使喚做一些有意義的事情時，一個個都叫苦不迭，滿臉不情願，並且編造出各種理由搪塞，好像讓他們去挪開一座大山那麼難。事情還沒開始就喊「碰上攔路虎了」，到處找藉口假裝困難重重，看到他們為難的樣子你寧願自己麻煩點也不讓他們幫忙，其實關鍵是看他是否想真正克服苦難。

他根本不知道怎樣做個有用的人，整日碌碌無為只知道享樂，眼睜睜看著父母為自己辛苦奔波自己卻若無其事。從早到晚玩個不停才是他的追求，我並不反對孩子玩耍，但是讓人看不慣的是他總是想著玩，我也不要求他只工作不玩耍，那樣聰明孩子也會變傻。同時，我也不主張只玩耍不工作，瘋玩過後就失落。這樣的男孩沒有一絲男子氣概，除非他改變想法，否則永遠成不了氣候。

但是有一種男孩非常具有尊孝之心，父母一旦囑咐他做某事，他總是樂意辦到，想到能夠分擔父母的辛苦就變得心情激動。他辦事極其俐落，交給他的任務不出片刻便可完成。

不過好景不長，他沒能讓工作成為自己的奴隸反而成為了工作的奴隸，沒堅持幾分鐘就開始鬆懈了，工作本應堅持不懈，一步一腳印，他卻走走停停，總希望快點完成任務交差。

但是希望並不代表行動，工作擺在他的面前，像座大山難以翻越，他乾脆坐下休息，最後他寧願選擇懼怕工作的辛苦，也不願意選擇繼續完成工作。他放棄了，跑到父母那裡，唯唯諾諾地哀求父母，「我做不到啊。」真是個懦夫！父母要他鋸開木樁，他便說自己沒有力氣；父母要他拔掉院子裡的雜草，他便說怕弄髒自己的衣服。只有勇敢堅定的對待自己的工作，男孩才能真正長大成為男人。只會說「我不能」的男孩永遠長不大。

還有一個例子。一個男孩時常想如果人都不用工作該多好啊，他的父親很有錢，認為借助父親的力量自己將來肯定會成為專業人士或是做個商人，他認為自己用不著努力工作了。

他很想做個紳士，但又不想工作，他根本不明白紳士是怎樣練成的，他完全不知道自己的價值觀已經出現了問題。一個人不管他生長的環境如何，勞動是增強體質不可或缺的條件，如果一個男孩好逸惡勞，他的身體必將虛無乏力，毫無雄性魅力可言。不管以後走到哪個階段，他都將因缺乏獨立和軟弱的性格而一事無成。

不會工作的人算不上一個完整的人，這種人太依賴別人的幫助，以至於離開了別人的幫助將寸步難行。財富，教育或是專業技能都治不了一個「懶」字，財富太虛無縹

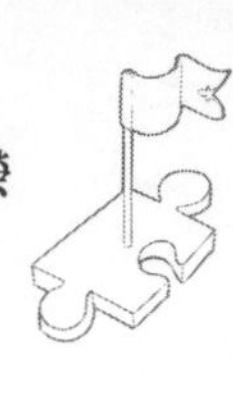

緲，「因錢財必長翅膀」，它們終將飛離那些飽食終日、不思進取之輩的懷抱。財富飛走了他們靠什麼？他們從來不去努力工作，從來不去依靠自己的雙手自食其力，從來不磨練自己堅強的性格；他們沒有謀生的技能，他們更不會低下頭向別人乞憐，他們把自己逼到了山窮水盡的地步，陷入了極端的貧窮，最後被迫用不誠實的手段獲取錢財。

我手上有封寫給一位波士頓紳士的信，寫信人是被送進感化院的一名少年，他因為不想工作被送進了感化院。信中少年訴說了他在感化院中的苦悶，回想起過往的痛苦經歷他說，「以前我認為我可以不工作，僅靠不正當的方式謀生，就能生存下去，可是沒過多久這種不真實的生活就走到了盡頭。」不難看出他之所以走上歪路全因自己厭惡工作所致。現在他徹悟了，認為生存的最佳途徑是誠實努力的工作。

沒有任何人比懶惰的少年更容易受到誘惑，也正應了那句話「懶人總會做壞事。」凡是妄想不勞而獲的人終將做出不仁義的事來，等待他的是監獄的鐵窗。

有學識的人或者專業人士同樣應該引以為鑑，明白如何用自己的雙手創造生活。如果一味依靠自己的積蓄過活，不可隨便僱傭人手，即使可以僱到，也不一定合適。對商人來說，他就注定要忙忙碌碌、奔波一生。

一個懶惰的孩子，去一家商店做店員，腦子裡天天想著不勞而獲，他的結局就像伺候雄蜂的工蜂那樣——最終被趕出蜂巢。

鄙視工作的孩子是與自然為敵，假如他可以不勞動就能生存下去，那他將改寫人類的奮鬥史。自從成為有罪之身後，人類的命運注定是留自己的汗，自己的活自己幹。

後世的子民妄圖逃離詛咒，可往往無功而返。不辛苦工作的人將受到更大的災難的打擊，以此作為對他們違逆的懲罰。貧窮或者疾病總有一天會敲響懶人的門。

所羅門用睿智的語言描述了這一結局，「我經過懶惰人的天地，無知人的葡萄園；看見荊棘長滿了地皮，刺草遮蓋了田面，石牆也坍塌了。再睡片時，打盹片時，抱著手躺臥片時，你的貧窮，就必如強盜速來；你的缺乏，彷彿拿兵器的人來到。」

許多古代國家曾一度規定年輕男子必須掌握一門勞動技能，然而在猶太人那裡這早已形成了一種傳統。

保羅雖然出自豪門，在國家頂尖學府學習法律，後來卻發現自己有從商的天賦。後來開始一心一意信奉耶穌基督，他發現曾經做帳篷生意的經歷為自己的信奉帶來了很大的益處。

其實無論你打算從事什麼職業，你都將從這些工作中學到實用的專業技能，或者獨

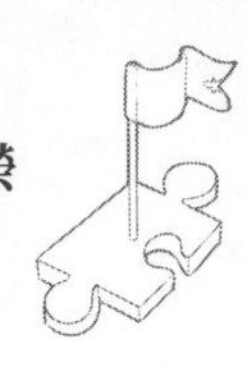

特的手工活，或者機械加工的技巧，所有這些在都是你在人生的初級階段學得的。

在中國歷史朝代，勞動極其受尊重，新登基的皇帝在登基大典上必須親自耕一畦田。翻開歷史，你會發現不管古代的還是現代的，曾經留名於世的偉大人物大多有過辛苦工作的經歷。

大衛，行吟詩之王，歌頌以色列的靈魂歌者，他的名號被永世鐫刻在信奉者的心中，可他小時候卻幫著父親照看羊群；佛蘭克林博士是波士頓一個機械工的兒子，小時候做過印刷工；美國國父華盛頓當過農民。

萬能的救世主以身作則，勤勉努力熱愛工作，羞怯於一切鄙視勞動者勞動的偽紳士們。他的使徒也都曾做過苦累的工作，如今他戒下很多最優秀的傳教士大多出身鄉野或工人，其中一些經過長時間學習，用自己的辛勤工作換來了受教育的機會，最終修成正果。

我們或許可以得出這樣的結論，鄙視勞動的人必遭人鄙視，他所鄙視的正是那些使之成為男人的高貴品德。

勤奮不僅能使你練就成男人，還能為你的生活增添許多樂趣。一些男孩討厭勞動，認為什麼都不做才是快樂的至高境界。這樣想簡直是大錯特錯！一天兩天什麼都不做或許還能忍受，可是過不了多久他們便會厭煩無事可做的日子。

住在桑威奇群島的孩子終日無所事事，父母不讓他們做任何工作，所以孩子們每天都在碌碌無為中度過。

有個傳教士曾給群島上的孩子寫過一封信，信中說：「有人說，『快樂天真的孩童生活在這片陽光島嶼，整日所想的只是尋找那屬於自己的快樂，那麼多無拘無束！』難道這就叫快樂嗎？絕對不是。山坡上啃食青草的山羊是快樂的；廚房灶臺上上躥下竄的貓咪是快樂的，唯獨你們這些孩子是不快樂的。」

孩子經常挨餓，孩子的父母也是在遊手好閒的環境中長大的，如果可以將就度日便不去工作。他們不需要孩子幫忙做事，經常不給他們吃飯。孩子們靠挖山中植物的根莖或者刨田裡的甘蔗維持生計。一天渾渾噩噩地過去，晚上不吃晚餐倒頭便睡。

島上很多孩子都沒有透過勞動獲取衣食的認知，他們光著屁股走來走去，受凍受餓。夜幕降臨，他們躺在光禿禿的墊子上，身上爬滿了跳蚤，土狗在旁邊撕聲狂叫。試問美國的兒童願意拿自己的軟床來交換這些桑威奇群島的孩子的遊手好閒和食不果腹的時光嗎？

生病時，島上孩子的遭遇更加淒苦。他們不僅缺醫少藥，而且父母和朋友也不會對他們噓寒問暖，沒有一個母親會溫柔地守在孩子的病榻前。自己的罪自己受，死掉也不

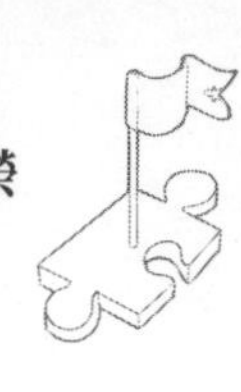

會引起注意。

懶惰也能滋生邪惡，他們找不到有意義的事情做，總想嘗試不法的勾當。他們之間相互傾軋，一起滑向無底的深淵。即使長大成人，也會受到貧窮和疾病的困擾，在痛苦中結束自己的一生。

或許你會說，這些桑威奇人都是些不開化的野蠻人，這才是他們不幸的根源。但是你大可不必去那些荒蠻之地，文明世界中就不難發現那些終日無所事事的年輕人頻生禍端的反面事例。

美國南部各州，所有的工作都由奴隸完成，大家都認為白人工作是很不體面的事情。結果，男孩們越發懶散、越發墮落。他們沾染上不良的習氣，性格也變得粗暴乖戾，絲毫不約束自己的行為。

他們中大部分人都喜好賭博，賭馬和其他惡習，到頭來他們很多人都變的窮困潦倒，和可憐的桑威奇人一起都成了命運的棄子。在實行奴隸制的各州，或許再也沒有比窮困的白人更低級的階層了，而他們窮困潦倒的根源可以追溯到他們認為白人工作是可恥的。

世界上沒有哪個地方能像新英格蘭那樣脫離可恥的貧窮，也沒有哪個地方的人民能像新英格蘭人一樣享受到普遍的幸福和安逸。那麼原因何在呢？

世界上沒有哪個地方的人能像新英格蘭人那樣勤勞上進，那裡人人有事做，男孩到了一定年齡便學會使用器具耕作，每個孩子都要付出勞動，這也減輕了父母的負擔。茫茫世界，哪裡的孩子能像新英格蘭的孩子那樣綻放笑顏？這才是他們比桑威奇人的孩子更快樂的真正原因。新英格蘭男孩有時可能會厭倦自己的工作，不過如果讓他無事可做，他則會陷入完全的痛苦當中。

這裡的男孩子如果沒有工作生活會很不快樂，這是他們的天性。在這裡你看到有人事業飛黃騰達，舉止彬彬有禮，可是當你追溯他的歷史時，你會發現他還是孩子的時候就已經在父親的農場或者商店裡做活了，如果他說他正在放鬆休閒，那麼他的意思是重溫兒時農場的快樂勞動。

監獄裡如果有罪犯有抵觸情緒，獄警就把他關禁閉，什麼都不讓他做。剛開始他還樂得逍遙自在，可不多久，他就開始乞求要幹活。看來，對罪犯來說沒有什麼比剝奪他的勞動權利更讓他難過的事了。

如果你足夠正直，性格開朗樂觀，如果你敢揚帆於波濤洶湧的海洋，力克迎面撲來的風浪，那麼請愛上勞動吧。勞動可以塑造你獨立的個性，勞動賦予你生存的能力。

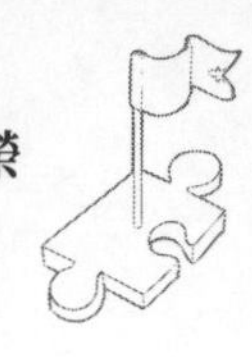

勞動鄙視趨炎附勢者，鄙視那些為了一塊麵包就出賣自己權利的人。勞動可以使你免受誘惑，防止你丟失人格的獨立；勞動能將你從卑鄙與墮落的深淵中解救出來，使你好好地生活下去。

第十四章　心靈教育

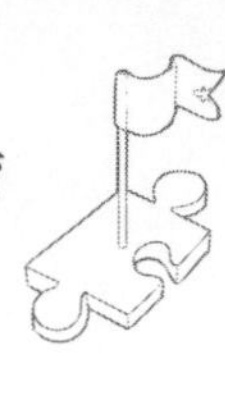

我所說的「心」其實是指道德的心，區別於智識的心。任何行為都受道德的約束，有些值得表揚，有些值得批評。道德職能決定道德行為。道德職能包括良心、意志和情感。我不準備用形式上的方法詳細劃分它們的界限，只要使我的讀者懂得他們的區別即可。

說起怎麼樣培養這些職能，我有意不去避開它們與宗教的連繫，性格的形成如果不以宗教教義和宗教動機為出發點將不能成功。我要用特別的方法來教會大家怎樣培養這些道德職能。

這裡有必要對良心、意志和情感這三個道德職能做一下解釋。我並沒有按照我一開始的想法去做，那就是用哲學的解釋或分析來研究心靈的職能或者心靈的情感，不管這種解釋是否會被各個年齡段的人理解和接受。現在我只求用明白易懂的語言為大家解釋，希望讀者朋友們諒解。

◆良心

良心是判定人的行為或道德情感正確與否的尺規。如果你能窺見自己的內心活動，你會發現每當你在決定要做一件事或者不做一件事時，內心有一股力告訴你什麼是對什麼是錯。

如果是錯的，那股力就牽制你不讓你去做；如果是對的，那股力便會催促你完成。如果聽從了正確的指引，它便載你順水而行；假如不遵從內心的指引，它就成了你行舟的阻力。這股力就叫做良心。

一個人大半生的時間是在良心與誘惑的衝突和爭議之中度過的。你受到引誘去做一些良心認為錯誤的事情，良心不僅僅告訴你那是錯的，還會勸誡你不要做後悔的事；而誘惑或者欲望卻引誘你走向相反的方向，衝突也由此而生。如果良心占據上風，你便做出正確的決斷，你也會感到愉快；如果你不拒絕誘惑，良心被腐蝕了，你只能感到痛苦。

理解了教育的定義，你發現良心的教育是多麼的重要。它是最重要的道德操守，對道德性格的培養有著極其顯著的作用。良心本身或許是錯誤的，良心並非評判是非曲直的尺規，真正的尺規是神的箴言。

良心的作用在於判斷你做的事情是否在尺規劃定的範圍內，由此決定你是做還是不做。假定你要測量一個物件是否筆直，你可以拿一把尺沿著它的邊緣測量它是否與尺平行，如果平行則說明它是直的。你的眼睛決定著它是直還是彎，假如你用來測量的尺是彎的，你的眼睛就被欺騙了，以致做出錯誤的判斷。

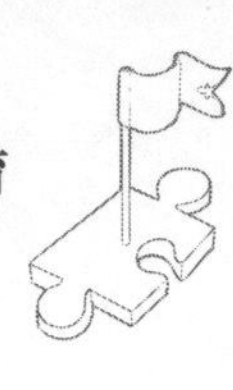

良心是靈魂的雙目，是衡量行為的尺規。良心必須接受正確的引導。我們必須謹記上帝的教導——一切以正義為綱，聽從他的教導你才能做出正確的判斷。一旦你混淆是非，良心只能引你走向歧途。心靈教育的第一步是要使己心奉行正確的原則，你將透過學習聖經，聆聽父母，老師和牧師的教導領受到這些教誨。

第二步要做的是始終遵從良心的呼聲。如果你與之背道而行，做了你的良知告訴你錯誤的事，或者忽視身上擔當的責任，最終你將削弱良心的功能，麻木你的心靈。

你越是拒絕聆聽良知的呼聲，充耳不聞、置身事外，呼聲的力量就越小，直至被完全湮沒。如果你回顧你曾經的所作所為，你會發現我的話到底是應驗了。如果你無形之中養成了頂撞父母的習慣，你不難從我這段話裡找出共鳴。

你第一次頂撞父母的時候，你聽到你的良心發出了大聲的抗議，但你內心那抗拒的力量已悄然萌發，雖然你的良心強烈譴責你的不敬，但是你卻躲過一劫，也沒有做出傷害的事情。

第二次誘惑出現時，良心的忠告開始變得微弱，它的警戒作用也降低了。第三次出現時則更加微弱，直至你甚至開始對當初那些震懾你的行為變得冷漠麻木。良心的威懾力一旦消失，你的人生也即將走向毀滅。如果你希望保持良知青春常在，那麼請傾聽它的呼聲吧。

另一種培養良心的方法就是養成讚揚正義的言行，遠離錯誤的觀念和習慣最可恨的是如果見的多了也就慢慢喪失了讓人恐懼的情感。一個從來沒見過現場屠殺動物的人看到屠殺的場面肯定會受到深深的震撼，而對於屠夫來說這是再平常不過的事情了。如果腦袋裝滿汙濁的思想，良心也會受到汙染，將不再當機立斷。如果心中充滿正確與美好，錯誤與汙濁將不可能接近你。

◆意志

意志是教人如何選擇或拒絕的，可以判斷正確或錯誤的行為。它是靈魂的一個重要功能。我說過，良心很重要，它發生在意志產生之前，並影響意志做出正確的選擇。意志也很重要，它決定著一切行動的發生。

訓練意志的方法是讓它聽從良心的轄制。意志在我們頭腦混沌之時最容易失去控制，此時意志不順從上帝的律法，也敢違抗上帝派來管制我們的人。沒有什麼比在孩童時代就學會遵從意志更能為我們帶來幸福和價值的事了。

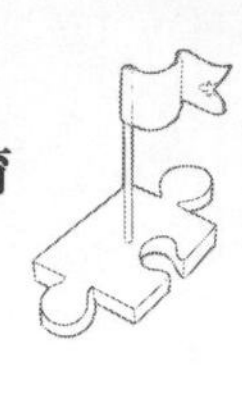

如果你認為你將永遠按照自己的意志行事，那你一定不會幸福，因為一個人不可能時刻盯著自己腳下的路。如果你捨得放棄自己的意志，願意屈從於上帝的意志，聆聽他的聖訓，蒙受他的天恩；願意屈於父母，聽從上帝派來管我們的人；願意屈於自己的良心，聽從上帝藏在你內心的忠告，那麼你將在這並不完美的世界尋求到最快樂的角落。

當然一切都不可急於求成，而要經過試驗和磨練，藉著上帝的恩賜最終才能達到。如果你能很早養成順從的習慣，可以使你免受許多苦痛的煎熬和不幸。

回想當初自己為什麼會和家人鬧矛盾，原因就是你希望一切順著你的意志而行。或許你有時會同父母爭吵，希望自己快點長大，那樣就能擺脫他們的控制了，自己想幹什麼就幹什麼。但是我敢用我的親身經歷和我的閱歷向你保證，即使你一切都是為了自己，你也不可能完全行使你的意志。

你不可能兌現對別人的承諾，除非放棄自己的意志；也不可能使社會去適應你。你找到一個製鞋匠要他為自己打造一雙新鞋子，你告訴他自己想要什麼樣的款式，他說：「我了解我在做什麼，你要鞋子我就幫你做，但是別在這指揮我該做什麼不該做什麼！」你會說，「真是個粗魯的傢伙，我才不要向他買鞋呢。」

或者你進入一家公司，面對一個什麼都想做主的女士，你便說：「好一個自私的女人，沒有人會搭理你。」這都是固執己見造成的。當一個人沒有原則，只顧自己喜好做事情時，他內心永遠得不到安寧，更別說快樂了，除非他願意與人妥協。

一個人受僱於另一個人時，工人的行為受到僱主的限制是天經地義的，即使工人覺得僱主的要求不太合理。與人共事要想獲得成功並且收獲快樂的唯一辦法就是順從別人的意志，滿心歡喜地接受別人的要求，條件是不做不合情合理之事。

回首過往，發現由於你的執著導致自己與父母為敵、由於你的執著引起與兄弟姐妹和夥伴朋友間的口角。如果你依然固執的話，不管你從事何種職業痛苦都將在所難免。

有一個叫杜魯門的小孩幼年喪母，四五歲時父親再娶。後母是一位優秀的女性，尤其對孩子富有憐惜疼愛之心。可是有一天，她在教杜魯門讀書的時候，杜魯門無論怎樣都不想學，母親就打了他棍子，他這才順從，好好地讀了起來。

某天，他不自覺自問自答起來，「小杜魯門啊，為什麼要這樣對待媽媽呢？她不是對自己很好嗎？」

「是啊，當然知道。她愛我，只要是為了我好她願意全身心付出。」

「那你還那麼淘氣故意氣她幹什麼呀？」

「我知道我是個淘氣的孩子，她越對我好我就越想氣氣她，我知道她這樣做也是為

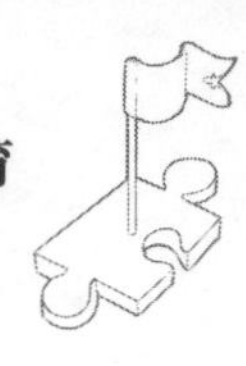

我好。」

「你還有什麼可說的？居然這樣對待你的媽媽！」

「我沒什麼可說的，我知道這樣做很差勁，我感到很羞恥，以後我再也不會這麼做了。但是我至少試了一次看看到底誰能拗過誰。」

小杜魯門的目的就是要遵從自己的意志，他不願意直接聽從他的母親，而是要試試看自己有多大能力來反抗她，看看最終誰能戰勝誰。最後他得到了嚴厲的懲罰，不得不乖乖屈於母親。如果可能的話，任何人都想自己做決定，不加約束行使自己的意志，結果只能是四處碰壁，一無所獲。

◆情感

關於情感，我不敢保證為大家做出一個完整全面的解釋。我只能說情感是發自內心的感情或者情緒。這麼解釋從哲學上或許不太精確，不過當你們長大懂得精神和道德哲學之後，你們就可以對它的理解。

任何問題都可以解釋成情感。我所謂的「培養情感」其實就是學會控制感情，壓制錯誤的感情，培養正確的感情。

經常聽到人們議論性格的優劣，其實好的性格就是對正確的感情的絕對占有，換句話說，一個人性格中如果正確的感情和溫和的脾性占據優勢，我們就說他是個性子好的人。相反，如果錯誤的感情和壞脾氣占優勢，我們就說他是個性子差的人。

誠然，性格形成中難免出現個體差異的情況，不過透過有針對性的訓練，受著上帝的恩惠，你們還是有很大的空間完善自己的性格。

說完前面，我想進一步給大家說明幾點培養情感的規則。

◆把壞脾氣遏制在前

大家都知道鐵匠工作的就是打斧頭、刀具還有其他的金屬器具。他們先把鐵塊融化澆鑄成需要的形狀，接著煉硬成型。打鐵的過程中，他需要不斷給鐵塊加熱，將鐵塊燒的軟軟的，這樣打起來就輕鬆的多。

可是當鐵塊打成時，回爐加熱然後放進冷水中，目的是讓其迅速冷卻取得自己想要的硬度。但是按這樣的流程打出來的鐵具卻因硬度太大，使用起來極易脆裂，不得已把它再放回爐中加熱，熔稀掉一部分硬度，直至得到自己滿意的硬度為止。

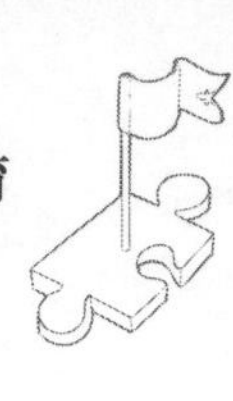

異常堅硬的鐵具我們稱之為高硬度鐵具，而無比柔軟的就叫做低硬度鐵具。由此類推，我們的性格也存在高硬度和低硬度之分。脾氣熱過了頭便非常危險，極易帶來大的傷害；脾氣冷過了頭就變得麻木不仁，像硬度不夠的小刀剛一開刃就留下了刀豁兒。

我們需要的是中間狀態，既不十足冷漠無情，又不可不知天高地厚。我只知道如果你想做個快樂幸福的人，那麼就請注意克制你的脾氣，我們不可以只陶醉於個人的幸福，我們要把愛傳遞給你身邊所有的人。

你要上的最重要的一課便是學會克制脾氣。所羅門說過，「不輕易發怒的，勝過勇士。治服己心的，強如取城。」他還說過，「人不制伏自己的心，好像毀壞的城邑，沒有牆垣。」輕易發怒的人極易沾染上罪惡。

你暴露了性格上的弱點，失去了別人對自己良好的評價也失去了自尊。每一次暴怒和放肆過後，你都禁不住自責。易動肝火的人不僅自己不能快樂，還會給別人帶來不快樂。

但是，開朗樂觀的人卻能讓你感到愉快，他們就像夏夜的一陣暖風打在你的臉上留下陣陣清香。沒有什麼能比有一副壞脾氣更能損害你可親的形象了。隨意在家裡發脾氣，再愚鈍、再不計較的人也接受不了他這樣胡鬧。

他以後走到哪裡，壞脾氣就帶到哪裡，他滿臉愁容，雙眉緊蹙，面部扭曲，就算最香氛的香皂也洗不掉那表情。壞脾氣摧毀了美麗的儀表，玷汙了美麗的容顏。可是好脾氣卻可以遮掩許多的缺陷，把最平凡改造成靚麗動人。

我不知道沒有比這更能為你青春的容顏增添魅力的方法，如果你希望有一副好脾氣，就必須凡事控制自己的情緒，不要為一些雞毛蒜皮的小事苦惱，也不要動不動就大發雷霆。

另外，亦不可任性而為，相反要盡可能養成溫良的性格。努力做到與萬物為善，對你極其不利的除外。絕不可輕信他人的一面之詞而攪亂內心的平靜。

聒噪的瀑流卷夾著泥水噴濺著山地，從一塊塊岩石上滲出，時而波濤拍岸；時而柔柔細語；時而又風捲殘雲；時而又響著嘹亮的小號奔騰向前，直至最後匯入大江大河。

然而，江河是那麼靜謐、那麼威嚴，絲毫不為喧鬧的瀑流所動，它只不過在平靜的河面上留下一絲不顯眼的波紋而已。試想江河停下腳步就是為了和聒噪的瀑流理論一番，結果會是怎麼樣呢？沿河兩岸將會因河水的暴漲而最終決堤氾濫。

所以，我們不可能對每一個刁難我們的人都還以顏色，這樣做的成本太高。你看見過狗朝月亮吠叫嗎？你猜月亮會怎麼做？月亮當然還是月亮，根本不在意狗的吠叫，

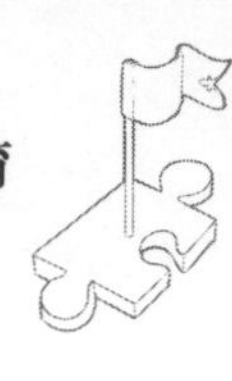

因為月亮根本沒時間停下來和那隻狗辯駁。

或許你會說，「我知道隨便發脾氣很愚蠢，不過我卻控制不住，突然間被激怒，沒來得及想就爆發了。」

我推薦給大家一個最好的解決問題的方法，那就是在你花上點時間弄清楚這事到底值不值得你生氣，如果值得再生氣也不遲。

找出原因仔細分析，不要斷定惹你生氣的事情就一定是不對的，首先你應該試著找自己的原因，看看有沒有迴旋的餘地；其次認為這事本來就是不對的，然後問自己如果發一通脾氣是否值得。

除此之外，問一下你自己，如果百年之後你和那個曾經激怒你的人都得到了永生，你們會怎麼處置這份宿怨呢？「如果我仍舊念念不忘過去的怨恨，我怎能得到內心的寬慰呢？」想到此，你的憤怒會漸漸的平息下去，最有可能的結局就是在你深思熟慮之後，最終得出結論：不值得為它生氣。

同樣，如果你一直戒不掉暴躁不安的情緒，思考一下是什麼原因使得自己如此痛苦。最後你發現其實你所有的擔心只不過是自己幻想出來的。記住與你有關的一切都是神賜予的，你每天要找出多少個理由才能表達你對神的感激之情。

他做了什麼讓你如此遷怒於他？或許他使你的意志得不到伸張，但是這樣做也是為你好。百年之後你還能向他動怒嗎？「天堂回望我模樣，原來是我太誇張，無因無果假名堂。何苦不使坦蕩蕩。」

◆不可妒忌，羨慕他人

所謂嫉妒，是懷疑他人對自己不友好，或者懷疑他人有意傷害自己的行為；所謂羨慕，便是看不得別人發達，特別在他們有可能超過自己的時候。

這兩種情感反映到性格上可謂是異曲同工。如果你嫉妒某個人，你總是不忘找他行為上的「別有用心」，你會在自己的頭腦中幻想出一千種假設，如果任由其發展，最終將會導致自己成為偏執狂抑或精神錯亂。

我了解的人中，有一些嫉妒別人所以想像別人的缺點，雖然是想像但是最後卻發展成為對別人的固定認知。這樣的人永遠得不到安寧，因為他們總覺得有人要暗害自己。

要使自己輕鬆愉悅，就必須把這種邪惡的情緒扼殺在搖籃裡。你有權利保護自己不受欺騙，不對陌生人傾訴自己的心聲，畢竟未了解一個人的人品之前不可付出一顆心，但是你更應該假設他人是友好的，給他們最好的評價，不管他到底是好是壞。

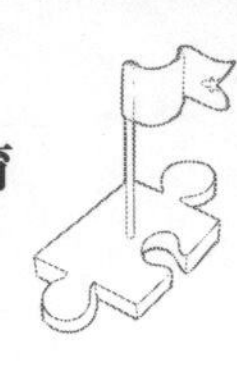

這裡有一個例子。有個叫蘿拉．威廉姆斯的女人，她總是麻煩不斷，因為她總是擔心有人不喜歡自己。一旦她的朋友中有誰關注別人比關注自己多了一些，她就心生妒意，認為這不是真誠的友誼。

如果有人一時沒注意到她，她便以為這是對她的蔑視，日子久了她的感情肯定會受到影響。她整日悶悶不樂，有時更以淚洗面，好像自己的心都碎了，就因為別人那些子虛烏有的輕視。

然而現實情況確實她根本沒遇到麻煩，她本可以像正常人一樣喜怒哀樂。如果不能克服這種情緒，她終其一生也收穫不了快樂，或許她死之前就會瘋掉。

羨慕是比嫉妒更可怕的一種負面情緒。但它們對性格產生的後果卻大致相同。

你會在《以斯帖記》有關哈曼（Haman）的記載中發現羨慕這種性格被描繪的多麼令人神傷。雖然哈曼被擢升至一國宰相，但只要猶太人末底改一天不離國王府邸，哈曼便一天做不穩相位。他容不得對手的存在。

你可以在你的朋友中找到這樣的例子。他們這些人不能忍受對手的存在，一旦朋友中有誰超過了自己，他們就妒忌這些比自己優秀的人。可是這是多麼低俗、多麼卑賤的自以為是啊！

真正的寬容遇到優秀的品格也會為其歡呼，只要有優秀存在的地方就有寬容的身影。然而，自私與嫉妒的人想把一切都籠絡到自己的門下，一旦別人比自己優秀，他們就覺得受到侵犯。

高貴的情感排斥羨慕，認為這種低俗的情緒終會自我消亡。或許覬覦他人成就的人會升至萬人之上，但到頭來羨慕或是嫉妒會把他貶低到一無是處，最後只剩一副令人唾棄的皮囊，獨自黯然神傷。

◆友好地對待每個人

總有些人習慣帶著有色眼鏡看待別人，喜歡以挑剔或者暴露他人的失敗為樂。他們變得消極厭世、性格乖戾，他們認為所有人都很討厭。如果很早就養成這種性格而後來又不知更改，他們最後會變成尖酸刻薄、喜怒無常的瘋子。這種人從不正面地、積極地看待任何人。

遠離這種性格，你應該善意地對待每一個人，不要總是用挑剔的眼光評判他人。假如他們並不是無藥可救，與他們保持安全的距離，忽略他們的錯誤，試著找到一些挽救他們的機會。

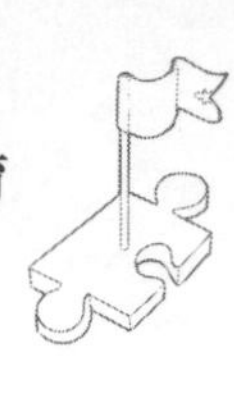

想一下他們同樣來自大家庭，他們和你一樣天性善良，他們擁有不朽的靈魂等待救贖或是從此迷失。從他們的成長環境找出他們犯錯的原因，並給予他們理解和同情。

即使你不打算把他們作為你的朋友，你依然需要對他們保持友好。別忘了就算是你也不能完全做到不出錯，這樣想也不至於使自己變得太苛刻，你發現別人身上的優點並且能寬容慈愛地對待他人是一件多麼愉快的事，這難道不比只知道挑別人的毛病、指責他人失誤好的多嗎？前者使你變得寬容和幸福，後者使你變得討厭和痛苦不堪。

◆做人要心胸開闊

他人事業取得成功，要為他送上祝福。你為什麼接受不了人家比你強呢？你又不會受到什麼損失。如果你愛你的鄰居，他取得了成就應該感謝你，同樣你獲得了成功也應該感謝人家，為了別人的優秀而歡呼吧。真正心胸開闊的表現是兩人惺惺相惜、相見恨晚，寬廣的胸膛會忘記自我的存在。

當優秀的人物出現時，你會不自覺被其吸引。哪怕把一點點自我放進優秀或與其相稱的事物中也會遭到別人的鄙視；與高尚的人交往容不得半點私心從中作祟。

寬廣的心胸必須在具體的行為中體現它的價值。高尚寬容的人不會處處為自己爭取權利，相反他更多選擇退讓。朋友間的追名逐利是他們產生矛盾的根源，他們對此已經習以為常（有時甚至出現在兄弟姐妹之間），早已不習慣寬恕和包容別人。

一個說，「那是我的，」另一個反駁：「不是你的，是我的。」不等細細追究原因，也不去分辨對錯，兩個人就這樣陷入了紛爭，為這樣的小事丟掉我們寬容的品格值得嗎？

如果兩人都能平心靜氣地坐下來討論一下到底屬於誰，或者其中一方先妥協，那該是多麼完美的結局啊！更可以這樣理解，如果雙方產生了爭端，有一方立即做出退讓，那將是多麼高尚的行為啊！慷慨退讓比獨自占有更能使你獲得快樂。請做一個別人眼中高尚慷慨的人吧。

◆養成溫和的性格

溫和與一切嚴肅、苛刻和粗俗的行為絕緣。溫和的人渾身上下透著一種既平和又親切和藹的神態，溫和的性格很大程度上影響著情感的培養。如果連溫和都做不到，所有

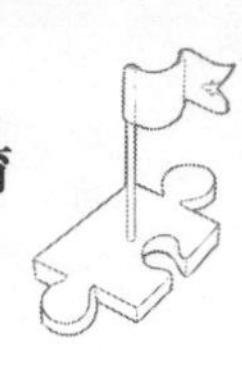

寶貴的情感都將失去生存的土壤。

性格溫和的人舉手投足間都透著溫柔，從他們的行為上我們很容易斷定他的個性，所有溫柔的情感都由溫和的性格發展而來。溫和的人回眸時眼光是那麼溫柔；溫和的人走路時腳步是那麼輕盈。他們舉手投足之間魅力四射，這股魔力使得他們贏得所有人的好評。

◆ 奉善而行

每逢施以善舉，你都會由衷的幫助他人。如果你能善待弟弟妹妹，你們間的關係將會更加和諧溫馨。反而言之，如果你苛刻地對待他們，甚至虐待他們，那你就是完全不顧手足之情，你對他們也越加的冷酷。

假如你習慣對每一個人都很友善，不管何時何地都對別人獻出自己的真心，表達善意的意願越來越強，你將受到所有人的愛戴，所有人都會對你表達善意。

看那個小女孩！只見她跑回去幫助小弟弟找到了丟在泥巴裡的鞋子，她溫柔地對他說著話、安慰他的情緒、為他拭去眼淚。可是我也見過有些做姐姐的卻沒有這個耐性，她們大聲地呵斥弟弟嫌他們給自己帶來麻煩。但是有著一顆憐憫之心的女孩關鍵時刻卻能捨身忘我，一心只想幫助他走出困境，安撫他悲傷的情緒。

還沒等她繼續前進，這時一個摔倒的小女孩引起了她的注意，周邊散落著漿果，女孩還在不停的哭泣，她根本沒有去想如果幫助小女孩會不會給自己帶來麻煩，而是柔聲地安慰著小女孩，幫她撿起地上散落的果子，還幫她摘了些填滿了籃子。

不管走到哪裡，她都樂意向每一個人伸出援手。送人玫瑰，手留餘香。給別人帶來方便的同時，自己也感受到了幸福，這遠比沉溺於自私自利的小世界快樂的多。此外，她也收穫了別人的善意，別人發自內心的愛她。

◆捨棄自我，關心他人

這不僅僅可以使別人感謝你的付出，也能壓制你內心的私欲。感受別人的痛苦，同情別人的處境，把關心別人的冷暖看成是自己的責任，慢慢培養起無私為公的精神。

看到別人快樂，何不和他們一起快樂，把別人的快樂當成自己的快樂，「與歡笑的人一同歡笑。」如果你是一個溫柔善良的人，看到別人生活得快樂幸福，自己也應該為

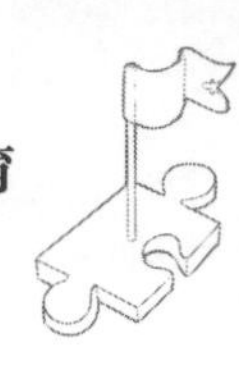

別人感到高興。另外，同情悲苦者和受難者，「與流淚的人一同流淚」只要看見有不幸發生，你的心就受到觸動。盡自己所能為別人排解憂愁。

通常，你有責任為和你同輩的人——比如你的同事，特別是不如你的人——進行最貼心的心理疏導，要讓他們知道你能理解他們的困惑、懂得他們的感受。

你會看到或讀到一些窮人受苦的故事，你了解異教徒的艱苦處境，他們找不到自我救贖的道路，這時請把你的同情帶給他們，感受他人苦痛的同時你的靈魂也得到了昇華。但除此之外，你也會不經意間發現自己得到了他人的愛的饋贈。

至此，我已經傳授給你們一些培養這些情感的簡單技巧，我要求你們把這些技巧應用到每天的實踐中去，靈活運用到一切可能的場合。盡可能克制出現不良的感情或情感，珍視和發展美好的情感，然後在合適的場合下釋放合適的情感，直至形成習慣。

本章中我開列了許多小標題，你會發現「心靈教育」絕不僅僅是一個簡單的詞，而是一個會影響到人的性格和幸福的現實問題。你的父母和老師特別關注這個問題，但是沒有你的配合一切都是空談。

對你來說，這是一項天天要完成的任務，你必須讓「心靈教育」指導你的行為和感情，尋求上帝的庇祐幫助你跨越難關。如果不接受心靈教育，你將永遠做不了紳士。

良好的教養離不開健康的感情和溫和的脾性；有缺陷的心靈打磨不出紳士的格調；一身紳士的裝扮遮掩不住蹩腳的舉止。就像你永遠改變不了豬的天性，就算你把它洗了又洗，甚至給它穿上亞麻衣服，可一轉眼的時間它又開始在汙泥裡打滾了。

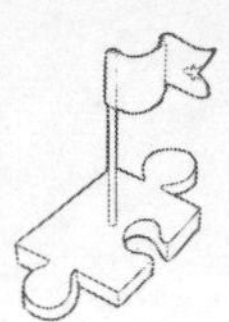

第十五章　思維的教育

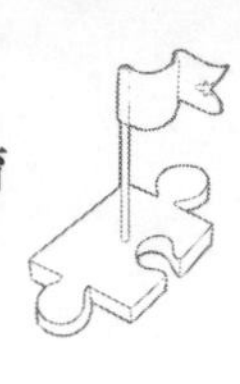

「思維」一詞經常被用來表示一切靈魂的職能。但是我卻願意把它總結為智力上的職能，為與道德職能區分開來。這裡我用「心靈」來指代「道德」，並與「智力」區分開來。

我不準備用艱澀的哲學語言對這些智慧活動做出區分，我只用一種方法解釋這種區分，相信足以證明我的觀點。我把它們分為：知覺、理性、理解、判斷、記憶和想像。

知覺的職能是把資訊接收到思維中，就像你在觀察一顆大樹，樹的資訊透過視覺輔助傳輸到你的思維中，或者你觸摸到一個物體，有關這個物體的資訊透過觸覺輔助傳輸到你的思維中，你還可以透過解析聽到的或看到的內容來判斷被接收資訊的屬性。

理性或是理解的職能是研究分析進而比較被接收資訊的屬性，並且得出相關的結論。打個比方，你從來沒見過手錶什麼樣子，假設你手裡就有一塊手錶，你看到了手錶並在你腦中形成了它的印象。或許你只把它當作一件稀罕的物品，不過，你的求知心要求你仔細研究，並且不斷催促你探索新的發現。

錶針既然會動，那麼裡面肯定有驅使它的動能，因為沒有動能也就沒有物體本身的運動。這就是從研究中得出結論的道理，是理性常用的一種方法。

為了探索更多的未知，你拆開手錶，檢查內部的零部件構成。這個過程叫做分析。

打開錶盤，手錶的所有零件在你眼前一覽無遺，發現各個齒輪之間規律性轉動，不過這只是表層的運動而已，而導致轉動的原因，也就是驅動力，卻是人眼所不能捕捉到的。

直覺告訴你發條一端環繞一個齒輪運動，另一端連接另一個齒輪，然後發條緩慢旋轉，這根發條似乎起到了控制手錶動能走向的作用。由此推斷，動能肯定是由後面的齒輪提供的。我們透過分析各個部件得出了以上的結論。

判斷其實與我們所熟知的「常識」別無二致。判斷的職能是無論何種情況下，聚合頭腦中形成的所有資訊，繼而做出選擇。比如，你在決定應該上哪所學校時，你首先會想到吸引你的學校，頭腦中搜索到所有與之相關的資訊。比較研究一番每所學校的優缺點，你最終根據對比後的結果做出你的選擇。這就是我們說的判斷。

不久的將來，你會意識到判斷是多麼的重要，一個人可以非常博學，可是當他在日常事務中缺乏判斷力或者常識的時候，他便是個十足的蠢人。所謂的學問於他沒有絲毫的作用，因為他不具備把學問轉化成優勢的意識。

記憶的功能是保存投射在頭腦中的資訊，它有著不可思議的力量。我們或許可以把它比作一個塞滿衣服的衣櫥，裡面布滿了數不清各式各樣的衣架和暗格，衣服放在這裡面以備主人使用。

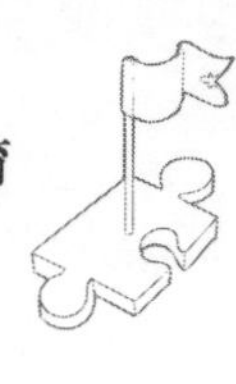

不過，衣服的主人每次只會盯著一件衣服找，他非常清楚衣服的位置，很快便能找到。一般認為，一旦某事形成記憶便很難消除，它或許會隱藏在某個角落數年都不被喚醒，直至某些類似的感受或感覺再次把記憶勾起。記憶產生的一瞬間，我們的意識中閃過的絕不僅僅是一兩個印象而已。

想像是在頭腦中形成亦真亦幻的圖像，是人們鬼馬行空的遊戲。每當此時，我們的大腦便跳出了時間的界限，我們想像自己忙忙碌碌的樣子，幻想未來那屬於自己的快樂和幸福。詩人和小說家大量地把想像運用到他們的作品當中。

聽我說這麼多，或許你會感到厭倦，但是這為我接下來講述「思維的教育」提供了必要的鋪陳。根據之前提到的關於教育的概念，你們會發現我的觀點與大多數年輕人的看法有很大不同。

找一個年輕人問他為什麼上學，他會說「為了學習」，他所理解的學習就是簡單意義上的獲取知識。要知道獲取知識僅僅是教育的一小部分。然而，這同樣容易誤導青年學子認為自己所學的知識毫無用處，他們懷疑知識不能為他們解決現實生活中碰到的問題。

心智教育的主要目的是發展和鍛鍊思維，以容納所有生活事實與行事準則。再進一步說，心智教育需要有事實和準則作為根據，不能只是把思維當作儲存知識的倉庫。就算你這樣做，那終究不過是一個亂堆亂放的儲物室，假如一切知識都好壞不分，照單全收，那麼世界上所有的知識都將不過是一堆破爛。

年輕學子應該理解並欣賞這種學習方法，這對於他們來說意義非常重大，因為這直接影響到他們是否能取得正確的教育。因此，有必要教育孩子學會同父母和師長團結合作。一旦學生認為學習的唯一目的就是獲取某門功課的知識，他們就不會和自己的父母、師長團結起來，甚至覺察不到長輩的存在。

然而即使人們能領悟教育的意義，鍛鍊思維，甚至用知識武裝教育，最後卻找不到一門科學或者學科來解釋為什麼思維教育會存在。在我們知道教育不可能趨向自由化後，唯一的問題是，有沒有哪門學科能像思維教育那樣取得成功？理解教育的目的也有助於促進年輕學子更有效地提高學習品質。

如果他們只想獲取知識，那麼他們從老師那裡獲得的越多就越好，因為他們能比別人更快地吸收知識。他們鍛鍊自己的思維能力，集中精神並靈活運用這些準則，也就是說，學生在沒有任何人幫助下獨立完成的學習或研究，比由教師傳授知識的方法實用的多。

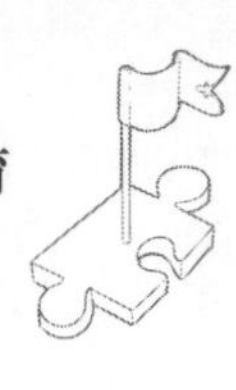

透過自己的努力完成一道數學題，或者理解一個難以理解的句子，要比為其付出的努力更加值得鼓勵，加倍付出的工作本身也使意志得到了鍛鍊。

因為自身的努力，做事過程中那些行為準則較之以前留下了更加深刻的印記。如此辛苦的付出意義非常深遠，同時也為他們帶來了巨大的自信和成就感。

這裡，我不想曲解自信的含義，那些盲目自大到明知不可為而為之的傢伙，或者那些妄想無為不勝的莽夫是愚蠢粗俗的。只有懂得量力而行並充滿自信的人才能勝任工作、取得成功。

這種自信是靠獨立克服教育過程中的困難後樹立起來的，舉個例子說明：我回憶起一個男孩碰到一道數學難題的故事：「我花了很多時間做這道題，可始終沒能做出來，我開始向老師尋求幫助，可是老師卻沒能給我任何幫助。後來，我又問了幾個人，可他們也沒能給出我想要的答案。最後我不得不依靠自己。幾天過去了，依然是沒有結果。」

「某一天晚上，我想這個問題想的頭大，就停下來休息一下，誰知做了個夢就把題算出來了。我不相信我的夢有什麼超自然的能力，但是我的夢裡確實出現了那道數學題，雖然睡眠關閉了意識，可是它們依然在腦子裡活躍著。第二天早上起來，感覺頭腦異常清晰，重新理解了一遍題後，感覺豁然開朗，所有的難題瞬間消失不見，結果不到一會兒就做出了這道題。」

我找不出還有哪個故事能比這個更加影響了我對生活的信念。它給了我自信，使我成功完成各種任務。要不是這件事給我帶來了自信，我可能永遠不會開始做我一生最有價值的工作；要不是因為它，你們將永遠看不到這本書的誕生，也永遠看不到許許多多我為年輕學子而寫的教育書籍。

我舊事重提目的就在於鼓勵年輕的你們擁有獨立奮鬥的精神，求學的路上要始終依靠自我的努力去克服艱難險阻。堅持獨立奮鬥的精神除了給你自信外，還將使你對所學領域有更深刻的理解，使你前進的道路更加通暢無阻。

每一次自己克服的困難下次碰到時都會顯得那麼微不足道，雖然前進的步伐很緩慢，但是你養成獨立學習的習慣，終將幫助你超越那些依舊聽從教師鞭策的學生。

掙脫父母懷抱的孩子比躲在小推車裡的孩子更早地學會走路，如果把你們年輕人的學習比作孩子蹣跚學步，那將非常有意思。只要可以自己努力做到的，你們都樂意嘗試。

感知是人類最早開發的一種感官功能，在兒童牙牙學語之初就有了感知活動。雖說兒童在很早的時候就開始鍛鍊自己理智判斷事物的能力，但是這一過程卻發展的極其緩慢。

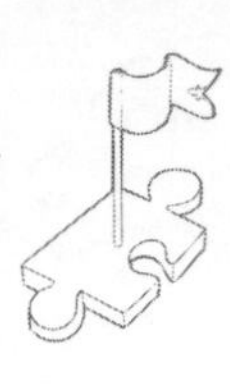

記憶在頭腦接收到外界資訊後形成，一般情況下，想像是最晚開發的區域，但卻是最先成熟的，這就好比把花朵培育在溫室中，大大縮短了自我成長的過程。長此以往必然會對思維帶來非常不利的影響。

你們以後會發現保持這幾種感官功能（記憶、想像、理智和判斷）的平衡是多麼的重要。如果你只注重發展記憶，你的腦子裡會裝下許許多多的知識，但是這些凌亂的知識起到極其微小的作用。

不過，適當地增強記憶力也是非常必需的，有了足夠的儲存空間才能把知識轉化為成果。既然記憶尚未被人類完全了解，我們只能認為記憶是可以透過某些途徑得到增強的。

記憶如同僕人，只管按照指令做事情，卻從不追問這麼做的目的。想像則是一朵豔壓群芳的鮮花，但是如果亂伐亂墾、揠苗助長，那結局會變成美麗的花朵散落在路邊，不一會兒便枯萎死去，乾巴巴的不能給人留下絲毫美的感受。

無論是感知，還是理智或判斷，它們都需要經過長時間大量的練習和堅持不懈的自我培養，最終才能幫助我們形成頑強的性格。

這個話題就說到這裡，不再給大家提出任何增強思維的建議或方法了，你們要做的就是把上面列舉出的方法或準則好好的運用到日常的學習中去。以下若干章節，我還會談到有關以上的內容。

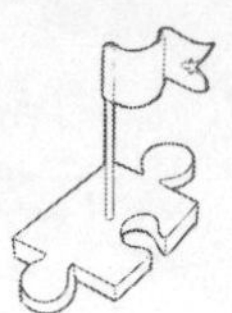

第十六章　閱讀

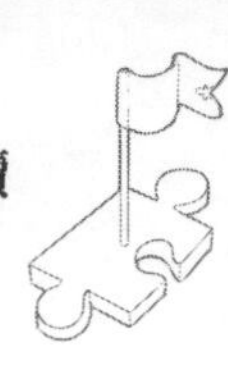

第十六章　閱讀

教育中，閱讀占據了一個特別重要的位置。閱讀是儲存知識最有效的手段之一，因此有必要及早地養成喜歡閱讀的習慣。但是為了閱讀而閱讀，或是不科學的閱讀都是危險的閱讀方式，這樣會導致極其不利的後果。為打發時間而讀書更是不好的習慣，這種只為娛樂感官的閱讀滿足了他們讀書的快感，但書籍的內容往往百害無利，甚至會助長不讀好書的心理。

囫圇吞棗，不能邊閱讀邊反思的閱讀對智力造成很不利的影響。評判閱讀是否有益的標準不在於你讀了多少本書，而在於你是如何閱讀的，就像飢餓的人猛向胃袋填塞食物一樣，你或許瘋狂地啃過書，但是讀書絕不是越多越好，反而讀的越多越容易迷惘。

如果想開卷有益，首先需要明確知道自己該讀什麼。浩如煙海的書籍、廣告雜誌還有報紙充斥著我們的書架，如若被年輕的讀者接觸到那將不可能不對他們的身心造成傷害。

假如有人誘使你同鄙俗無知的人物交往，你一定要使自己遠離這種危險，一定要斷然拒絕這種害人的邀請。然而，單單與這些危險人物的交往還不足以證明你已然處在可怕的關係之中，關鍵是你受到了他們花言巧語的蠱惑，慢慢地同他們的思想趨向一致。

很可惜，現在大量的流行文學都是由這些善於迷惑人心的人寫成的，你只要閱讀他們的作品並且喜歡他們的作品，你就以為找到了知己。他們的寫作中埋藏著腐蝕的心靈與邪惡的靈魂，他們把這些當作噱頭印製書籍，毒害那些無辜的讀者。

同時，各種關於惡行的描述居然比惡行本身更能吸引年輕學子的心靈，世間所有的不幸和痛苦早已被華美的言辭所遮蓋。現在有很多的書籍都在講道德生活，可書中宣揚的卻是不道德的行為，這同對樣對讀者有害。

你一定不要與偽善的人物為伍，這樣的人往往更加危險，因為他們表面上很講道德，你對他們會放鬆警惕。如果與有不良行為的行為的人交往是危險的，那麼沉溺在害人的書籍中更是讓人不能自拔。

我在我的另一本書《做優雅女孩》中曾詳細論述過這種所謂的小說閱讀，還有其他一些不入流的作品。這裡我抱著對你們負責的態度建議你們自覺抵制不良的閱讀習慣。下面我給大家一些規範閱讀習慣的小提示：

▼**明確讀什麼、看什麼**：學習過程中，學生往往會背負巨大的學習壓力，這時他們會選擇讀一些輕鬆和娛樂的書籍，但是讀這些書根本不能給人真正的放鬆。身體雖然得到了放鬆，但是腦子仍在不停運轉，而真正的放鬆卻是反過來的，身體得到鍛鍊的同時，思想也得到了休息。

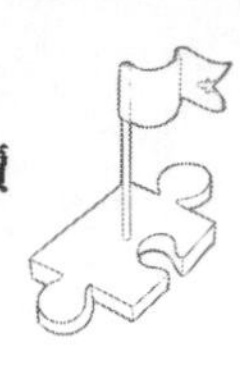

第十六章　閱讀

如果你的目標就是放鬆，那麼你最好選擇一些有意義的活動，比如說開懷的大笑或是悠哉的散步。我想不出什麼比把自己的時間花在閱讀小說或是那些垃圾通俗文學上更加有害的了。這不僅僅危害到你們的身體健康，也會使你們喪失思維的活力。高強度的刺激極易影響到你們的想像力，你們會發現自己總是處於亢奮狀態，開始認為學習是那麼枯燥無聊。閱讀是教育中不可忽視的一部分，我們每個人都需要花時間閱讀。

然而，閱讀絕不僅僅是為了尋求快感，閱讀中還有更加高尚的目標值得我們去追尋。首先，閱讀可儲存有用的知識，豐富我們的大腦。我們可以閱讀所有經得起推敲的學術作品或專業知識書籍，諸如歷史、傳記、遊記、科學和宗教事實。其次，閱讀可幫助我們養成高尚的讀書旨趣。我們可以閱讀那些毫無爭議並且充滿想像力和文學色彩濃厚的宗教和倫理作品，可惜的是你們青年學生卻很少去讀這類作品。再者，閱讀可助心智正常發展。去閱讀那些你在主日學校圖書館中找到的有關醒世的宗教作品吧，其中最值得推崇的當然還屬《聖經》。《聖經》可謂「書中之王」，書中橫跨歷史、傳記、詩歌、遊記和闡述實務的論文等各大領域。任何有關閱讀的計畫本質上都缺乏根據，沒有比每日堅持閱讀聖經更好的計畫了。你們應該堅持不懈地閱讀《聖經》，在你有生之年絕不可荒廢。

▼ **一定要讀有價值的書**：不能因為沒什麼可讀，就隨便挑選一本書，或者報紙、雜誌之類的來讀，這種習慣可謂貽害無窮。就算這本書寫的不是那麼糟糕，但這不代表它值得你讀。

現在我們身邊有太多太多的好書，根本沒必要把時間浪費在沒有價值的閱讀上，與其在一本爛書上浪費時間，還不如一個人安靜地讀一讀《聖經》。特別注意報紙和大眾雜誌上的那些編造的故事，它們絕大部分都是變了質的作品，人們很容易因此沾染上不良的閱讀習慣，沉迷於小說而不能自拔。

一旦你迷戀上了這種書籍，你的意識受到刺激從而產生一種快感，最後你一刻也離不了它，就像酒鬼離不開他的酒杯，菸鬼離不開他的菸管一樣。

你們年輕人閱讀時最好接受父母（父母不在身邊時，老師也行）的指導監督，除非從父母、老師或者牧師那裡得到肯定的答案，認為這是一本有價值且值得讀的書，否則堅決不讀任何一本書、報紙或廣告雜誌。

▼ **邊閱讀，邊思考**：不吃別人嚼過的饅頭，重新審視面前的書本，觀察它們是否符合自己的思想，如果符合，你要盡量吃透它們直至與自己大部分的思想融合同化。

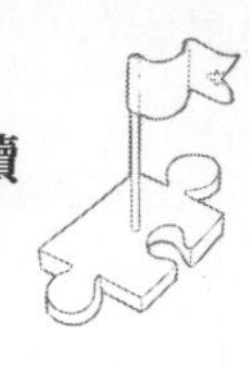

把正確的生活事實和行為準則儲存在記憶中，把你認為優秀的思想和不俗的觀點記錄下來。它們是璀璨奪目的寶石，豐富了你的思想，裝點了你的語言。盡情讓你的心靈接受這些思想的沐浴吧。

▼**閱讀的時間是擠出來的**：占用學習或休息的時間去閱讀自然不合適，但是你們還是每天都可以擠出時間留給閱讀的。想像你們每天有多少時間在浪費在拖沓上，又有多少時間浪費在無聊的空閒上。如果你能跟上時間的腳步，凡事都有充足的時間準備並且在適當的時間做好每一件事情，那麼你就再也不用發愁時間不夠用了。

第十七章　寫作

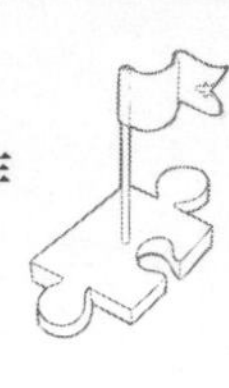

第十七章　寫作

寫作或作文是鍛鍊思維最好的方法之一。但是我很遺憾地發現年輕人普遍對寫作表現出反感。其中一個原因是想寫好一篇文章需要對文意爛熟於心，但是我傾向於認為人們把寫作的困難無限放大了，這才是主要原因，當然也存在搜索枯腸而不得要領的現象。

人們寫作的第一步往往是選擇主題，而遴選主題的工作需要經過深刻抽象的思維加工才能完成。不能熟練運用抽象思維是因為缺乏思想的鍛鍊，這也是初學寫作的人最頭疼的地方。

寫作首先要做的是尋找出簡單明了的主體，比如一段論證詳細的歷史、一個眾所周知的故事，或者一段有關某個熟悉場景的描寫，接著文本客體為主體套上語言的外衣，一旦主體浮現出腦際，文本客體便對主體產生相關反應，然後就形成了真正的文字。寫作是在紙上的思考。只要你有想法，你就可以將這些想法轉化成文字。

年輕的初學者易犯的另一個錯誤是把老師布置的作文當作一項任務來完成，認為作文一定需要寫滿幾張紙才行，而且覺得越早交差就越好。但是你們需要定下更高的目標，不然永遠都成不了成功的作家。

所有那些不認真對待寫作的行為都是極其有害的。要知道，一篇花費數日辛苦寫成的作文比幾百篇應付差事的作文還要有分量。事實上，第一步做好了，那麼以後步步皆順，寫作原來也並非難事。

要想寫好作文，正式動筆前必須選好主體，反覆思考咀嚼，安排敘事的起承轉合，接下來是用心寫作，選擇最佳的表達方式，用最美的語言妝點思想的衣裳。

然後一絲不苟地一遍又一遍重複閱讀你的作文，研究每一個句子，權衡每一處措辭，在原有的基礎上盡可能做到改進，然後把它放在一邊，一段時間後拿出來謄抄一遍，發現仍有改進的空間。

再把它放在一邊，幾天後再把它修改一遍，看看是否能更進一步做出修改意見，接著再謄抄一遍。重複幾次下來，你的作文會幾近完美。花費在改作文上的時間不會白費，如果能完成這樣一篇作文，那麼以後你在寫作的路上將無往不勝。

作文每改進一次，你就會發現自己的思維又開闊了好多，思想又豐富了好多，寫作儼然變成了令人輕鬆愉快的工作。堅持下去最終你會發現一氣呵成的作文居然也能幾近完美。但是，生搬硬套的寫作永遠造就不出優秀的作家。

寫信是一種截然不同的寫作方式，寫信的美就在於它區別於正式文體的風格：簡潔而溫馨。最好的寫信方法是想像收信人坐在你的面前，把你當面想對他或她說的話寫成

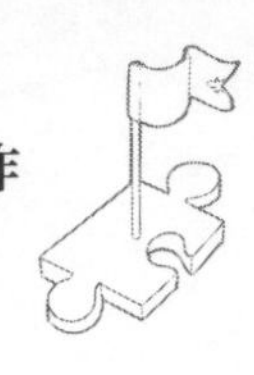

文字。信中一切堆砌詞藻的嘗試都顯得不合時宜，寫信的魅力在於寫信人能及時通報給收信人一些他們感興趣的生活片段，還能使寫信人在信中直抒胸意。

沒有哪種情況比收到一封抑或措辭華美、抑或老生常談的信件更讓人失望的了，而收信人最想看到的內容偏偏沒有寫進去，滿紙都是密密麻麻的文字甚至寫不下一句道歉的話承認自己廢話連篇。

我們寫信給朋友就是想知道他們身體是否健康，生活是否愉快，同時也期望得到他們熱烈的回應。真正的書信中一定包含這些內容。

第十八章　懶惰

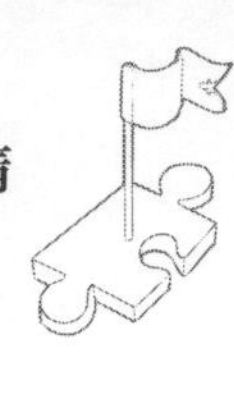

第十八章　懶惰

阻礙進步的最大的敵人莫過於懶惰。排斥奮鬥的性格湮滅了多少雄心壯志，碾碎了多少渴望進步的夢想。假如你天性慵懶，你應下定決心克服慵懶的習慣，並且時刻提防重歸舊路。

受教育過程中，你們不可能不遇到那只多頭怪獸。「懶惰人說，外頭有獅子，我在街上，就必被殺。」（《舊約》箴言 22:13）每當懶惰人被催促做事情時，他們都會喊街上有獅子。

一句「我不行」決定了他們必將一事無成。懶惰人不敢接受艱難的挑戰，有人要他寫篇作文，他甚至不知道自己能寫什麼。他嫌拉丁語課太難，不是這個詞不會念就是那個句子不會讀。數學題對他們來說簡直都是天文數字。那隻街上的獅子打敗了一切。但是那些渴望有所成就的人必不容許「我不行」這樣的字眼出現在他們的詞典中

懶惰人對待勞動也是如此。他們害怕努力，每當不得不工作的時候，他們總是把上次落下的做完才開始新的工作，或者他們找來一些別的理由推脫延遲。如果找不到合適的藉口，懶人們總會拿那句「我不行」來敷衍了事。

若不是為了這些懶人們著想，我們寧願放手讓他們只做自己喜歡的事，也不要看到他們做事情時一副不情不願的樣子。所羅門生動地描述這副懶惰的模樣：「懶惰人把手

放在胸口，請不要再激怒他了。」

人生的不幸與困苦皆出自於懶惰的性格。只有總是勤奮工作的人才能幸福。當然，我的意思並不是他們必須一直努力工作而從來不休息，畢竟適當的放鬆身心不代表無所事事，呆坐在一邊什麼都不做才是無所事事。

嘗試從事不同的活動是最好的休閒方式，說到活動，我就不得不談強身健體的體育運動，適當的體育鍛鍊是調節身體的好方法。最讓人接受不了的是對著空氣發呆，如果身體和思想都停止了活動，還有什麼樂趣可言。

懶惰人之於一灘死水，如同勤奮人之於一泓清澈的湖水。其實，工作能為人們帶來很多享受，工作可以讓人變的生機勃勃、可以使人保持清晰的思路，還可以培養樂觀向上的性格；而懶惰只會使人萎靡不振，使人沒有思想，還會使人染上忿忿不滿的毛病。

懶惰是戕害時間的劊子手。假設你的壽命是七十年，每天都混過去一小時，那麼你一生將會浪費掉三年的時間。如果再加上每天早上磨蹭掉的時間，你就浪費掉了整整六年的時間。難道你願意眼睜睜看到六年光陰就這樣浪費掉嗎？所以，看好你們的時間吧，不要讓時間白白流過。

不管你是工作，還是學習，還是玩耍，都要盡情地投入，千萬不可把時間浪費在閒

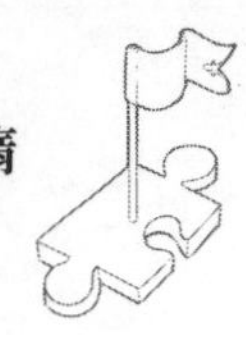

逛和無聊上。「凡你手所當做的事要盡力去做，因為在你所必去的陰間沒有工作，沒有謀算，沒有知識，也沒有智慧。」

第十九章　集中精力做一件事

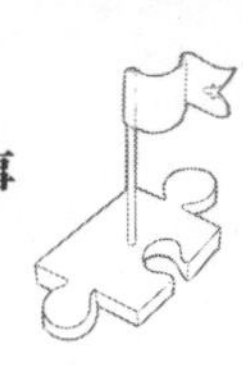

做事切莫三心二意。小約翰從不滿足一次做一件事情，他會邊穿衣服邊讀書和玩耍，卻比別人浪費了更多的時間。他趴在桌子上讀書，讓全家人等他吃飯。他喜歡學習時耍小動作，沒學多久就把功課被扔到了一邊。

上課沒多長時間，他就開始看看這，摸摸那，說明他已經分心了。他開始想入非非，空中樓閣越建越高，直至有人把他拉回到現實。功課不僅沒學好，浪費掉雙倍的時間仍然一無所獲。我認為這是「瞎忙」。

取得最佳的辦事效果的方法是把精力全部集中在一件事上，在最少的時間內獲得最高的工作效率。當你全身心投入工作的時候，你會驚訝地發現工作速率和工作效率都有大幅提高。不管你做什麼工作，這一點都是必不可少的。

另一個提高注意力的方法是科學分配時間，時間分配不合理，一件沒做完又開始做另一件，結果浪費了大量時間。我們可以避免這種情況的發生，只要有條不紊地安排時間，明確什麼先做、什麼後做就可以了。當然我們不可能如此精確地安排時間，畢竟每天都會發生一些不可預知的情況，但是這樣至少可以讓人少走彎路、少浪費時間。

第二十章　善始善終

第二十章　善始善終

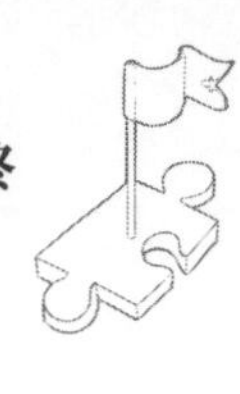

做事有始無終是性格上一大弊端，任憑其發展會給人留下善變的印象，沒有人再相信你。

一走進詹姆斯·史考特的房間，你就發現桌子上，抽屜裡到處堆著雜物；剛開頭的作文擺在桌上，語詞凌亂、詞句不整；攤開的信紙上未著一字；走進他的遊戲室，到處可見半癟的皮球、半個身子的風箏、半截小木船、單個的雪橇滑板、一個玩具馬車輪胎還有其他零件不全的玩具。

他想無論如何都要把它們都組裝好，然而這麼多東西早已分散了他的注意力。每當開始組裝一件玩具時，只要想到還有更有趣的事情沒做，就馬上踢開它們；或者剛開始做就厭倦了，他就丟下手中的工作跑出去玩了。他的生命裡沒有目標的概念，因為他從未完整地做過一件事，他最好什麼都不做，免得做了也完成不了。

一旦你沾染上這種惡習，你會逐漸變成一個缺乏主見，敏感懦弱的窩囊廢。解救的辦法就是絕不做沒有價值的事情，也不做自認為沒有把握完成的事情。如果決定要做，就必須堅持到最後一刻。

現在很多年輕人經不起困難的考驗，常常半途而廢。但是，當你咬緊牙關克服了困難的時候，你的自信心就會增強，下一次會很容易跨越困難。相反，你入錯了行或是接下不可能完成的任務，愚蠢的堅持只會帶給你更多麻煩。

第二十章　善始善終

第二十一章
確定交際範圍，發展朋友圈

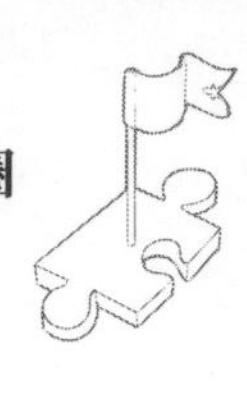

性格的形成受到諸多因素的影響，有時一件不起眼的小事就足以為你指明生命的道路。生活潛移默化中影響著你的性格，然而最能對我們的性格產生直接影響的是我們身邊的人，我們模仿別人的生活習慣，特別是在我們孩童時代，那時候我們的性格充滿彈性，就像鬆軟的蠟，極易被身邊的人影響。

然而，我們需要限制交往的範圍，不與壞人交朋友。我們應學會區分什麼是交友的「大環境」、什麼是交友的「小環境」。

所謂「大環境」是我們被動選擇的交友環境，「小環境」是我們主動選擇的交友環境。學校或是其他公共場所屬於「大環境」，在這裡你會接觸到各種各樣的人，但是你沒必要和他們都建立親密的朋友關係。即使做不成朋友，你也要在任何場合下禮待他人，並保持嚴謹的形象，這樣才不至於樹敵。

每個人都需要真正的朋友在自己身邊，而真正的朋友是需要用心挑選的。一個壞朋友可能給你帶來災難性的影響，因此在選擇朋友的時候一定要小心謹慎。不要隨隨便便受到別人引誘便迫不及待同他們做了朋友，不要等到吃了這些「朋友」的虧才大呼上當。

老話說得不錯，「是金子總會發光的」，相談甚歡的背後往往是別有用心。所以，開始一段友誼之前，你有必要研究一下他們的性格特點，暗中觀察他們的言談舉止，一旦發現他們行為不端或是缺乏做人的原則，你要立即中斷與他們的關係。

如果發現他們褻瀆上帝定下的戒律，立即遠離這些可怕的人吧。他們會引你到歧途，他們絲毫沒有忠誠可言。有一次破壞上帝的戒律，就會有第二次，絕不可和他們說私密的話。假如你未發現上面這些情況，不妨問一下你的父母他們是否值得交往。

就算你對他們的品性有所懷疑，表面上還要像對待朋友那樣親切和尊重。當你真的決定交下這個朋友時，就不要再把你的擇友標準強加給他了，請記住，別人像你一樣也有選擇朋友的權利，他們或許在朋友的概念上與你的看法相左，所以，相處的過程中盡量保持溫和，並積極尋求折衷的相處方式。細水長流的友誼遠比一蹴而就的友誼更長久。

確保有少數幾個可交心的朋友就足夠了，朋友少而精絕對比多而雜好，不經篩選的友誼沒有像真正的朋友那樣貼心和溫暖。但是你絕不能因此拒絕和你周邊的人交往，特別是當你住在鄉下的時候，見到大家要禮貌地打招呼，畢竟你每天都生活在一個抬頭不見低頭見的群體裡面。

你不可以排斥與他人交往，也不可以局限在自己的小天地中。最後，記住不要與小人為伍。

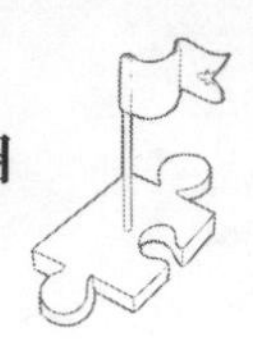

當學生時，不要與異性保持過密的關係，異性間的情誼在你們這個年齡段是很危險的。如果這種情誼最終不能存活下來，成年後你們或許覺得無比遺憾，可是一旦感情產生，它只能削弱你的判斷力而已。

第二十二章
遠離惹事生非的玩伴

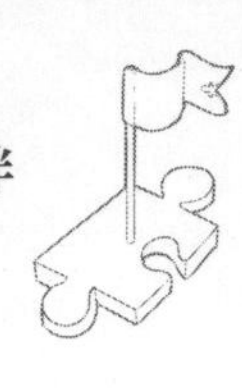

有些男孩走到哪裡玩到哪裡，絲毫不考慮朋友的感受。他們不僅在學校裡和大家打成一片，私下裡還結交了一幫狐朋狗友，與他們一起惹事生非，一切都是為了獲得那短暫的快活。

壞孩子天生一副壞脾性，他們行為不端、滿身惡習，他們性格粗暴乖戾、喜歡惡作劇。淘氣鬼們對上帝的戒律不屑一顧，誰擋住他們快活就一腳踢開誰。他們只滿足於當下的快樂，為此不惜欺騙父母和他人，無視安息日傳統、口吐穢語、雞鳴狗盜、或是酗酒賭博，簡直無惡不作。染上任何一個習慣都是有罪的。

假如你的朋友中有人是痲疹、百日咳或者天花患者，那你很快也會傳染上這些可怕的疾病。病人住的房間到處是細菌病毒，這樣的環境下極易吸進病菌。道德疾患同樣傳染人。

久居鮑魚之肆難掩渾身腥臭，正所謂「友不擇，心不正」，純潔的人受到惡行穢語的侵蝕，思想逐漸被同化，靈魂逐漸變得邪惡。如果長期受到這些壞的影響，你會發現自己居然和他們一樣心術不正。做壞傢伙的朋友，自己早晚也會成為壞傢伙。

交友不慎會毀掉你的聲譽，乃至你的生活。看看那些鋃鐺入獄的人，再看看那些遭受懲罰的人，你會驚訝地發現他們當中有很多人都是被狐朋狗友拖下水而毀了前途。

這裡我隨便給你們舉出一個例子，告訴你們壞朋友的影響有多麼可怕，當然這只是千千萬萬個反例中的一個。在英國斯托克波特，有一個男孩每週堅持過安息日，是大家公認的好青年，因此他被舉薦到安息日學校擔任教師。無奈父親早逝，家庭經濟拮据，母親只好送他去工廠工作。

在工廠裡，他結識了一幫無惡不作的壞蛋，他們開始把他拉下水一起作惡，他再也不是大家原來認識的奉守安息日的男孩了。他開始學喝酒，喝酒沒有錢就開始小偷小盜，連母親都拿他也沒辦法。最後他被工廠辭掉，入伍當了名軍人，被派往西班牙作戰，在那裡他依舊作惡不斷，搶劫當地人的財物，想方設法滿足一己之私。

戰爭結束後，他回到了家鄉，可是剛一落腳便又召集其舊日的同夥做起了搶劫的勾當。最後，法院搜集到他犯罪的證據，判了他死刑，他臨刑的時候剛剛二十一歲。

我提醒你們千萬不要做壞事，或者與他人預謀做壞事。沒有什麼比做壞事更能讓你纏上麻煩，養成放蕩不羈的習慣了。

幾年前，在一個海港小鎮，一個年輕人因為犯了海盜罪被處以絞刑。正像我前面所說，他是一個典型的壞人，性格乖張、不知悔改。在家裡不聽父母指揮，在外面亂出風頭，在學校頂撞老師，組織學生挑戰老師的權威。

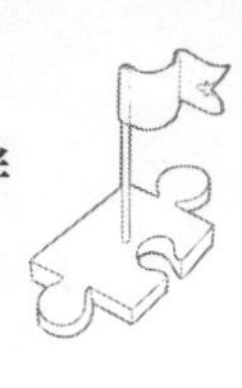

後來，他隨船出海依舊我行我素，在海上糾集水手們反抗船長的管制。隨著自己的勢力不斷擴大，他竟然唆使船員把船長和大副扔到一隻小船上，自己則占據了整艘大船，當起了海盜，搶劫過往船隻。他們最終被捕，這個年輕人被押解回國，因罪大惡極被處以極刑。桀驁不馴的性格最終將其送上了一條不歸路。

剛剛從農村來到大城市的年輕人最容易受到壞人的引誘。城市裡到處都是偷奸耍滑的人，他們以引誘單純的鄉下人為樂，一旦那些鄉下小孩誤入他們的圈套，他們的前途就有可能被毀掉。

有多少年輕人被送進教養院改過自新，又有多少年輕人遭受牢獄之災，這難道還不能警醒單純而無知的人嗎？千萬不能把航船擱淺在壞人的礁石上。

最後，請允許我向你們宣讀所羅門的箴言警句：「我兒，惡人若引誘你，你不可隨從。」；「不可行惡人的路。不要走壞人的路。要躲避，不可經過，要轉身而去。這等人若不行惡，不得睡覺。不使人跌倒，睡臥不安。」

第二十三章　休閒

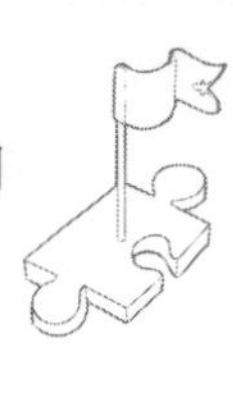

人體在工作和休息交替進行下才能正常運轉，持續不斷的勞動會損傷人體。所以，我們習慣日落而息和一週六天工作，一天用來休息。勞動過後不僅僅需要真正的休息，也要學會換著姿勢休息。

如果你抗著一袋重物前進，偶爾換另一邊的肩膀才不至於不堪重負。為貼補家用，一個窮苦的孩子在家裡幫媽媽紡紗，路過的女士看到他始終保持一個動作，做著勞累的工作，她就問那孩子累嗎，男孩回答說經常累的直不起腰。

她接著又問：「那你累的時候怎麼辦？」男孩就說：「一隻手累了，換另一隻不就好了。」他明白換著手休息的道理。不管是腦子還是身體，一個姿勢持續不停地工作，最後都會吃不消的。

長時間彎曲的腰部會失去彈性和韌力，勞累的身體和大腦需要自由的伸展，對青少年來說尤其如此，因為青少年時期骨骼發育不完全，肌肉不夠堅韌有力，智力仍有待發展。這個階段特別需要休息和娛樂，那些整日把頭埋在書堆裡，不玩耍的年輕人怎能保證身心健康發展？

年輕的生命需要適當放鬆和娛樂，整個動物界無一例外。田野裡奔跑著潔白的小羊，它們興奮地跳躍在山澗之中，好像對於上帝賜予它們生命感激不已。孩童玩耍的環境比小羊奔跑的環境安全的多，只要自由地放鬆手腳就可以了。天性不可違。

除了堅持這些有益的休閒方式，我們還必須抵制不良的運動方式和過度娛樂。但問題是，怎麼樣判斷哪些娛樂可以嘗試，哪些又必須禁止呢？這些活動或娛樂本身就是邪惡的並且可以帶給人傷害，有些達到一定程度後才會帶給人傷害；有些因娛樂方式不當而帶給人傷害；還有些因為娛樂接觸到不良影響而受到了傷害等等。

與其在這裡論證孰是孰非，倒不如諫言幾句，請君對號入座。

▼ **不該休息時卻休息**：學習時間用來娛樂已是犯了大忌，更何況這樣做對你性格的形成將產生極其不利的影響。如果不加抑制，你將過度沉迷於玩耍，打破正常的生活節奏和習慣。你需發誓：「學習第一，玩耍第二」，切莫因貪玩耽誤了生活和學習。

▼ **父母或其他監護人不同意做的，堅決不做**：父母都希望自己的孩子幸福，只要他們認為你做的事有意義，他們絕對不會剝奪你享受快樂的權利。有些危險孩子看不到，作父母的卻一清二楚。父母的任務就是保證孩子健康幸福地成長，他們目光長遠，了解什麼對你有益，什麼能為你帶來幸福。他們是上帝派來照顧你的天使，所以你須服從他們的權威，聆聽他們的教導。

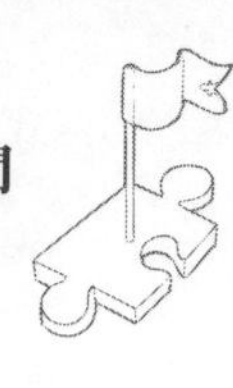

▼**你最虔誠的基督教友認為不可行的，必不從行**：當然，我指的不是那些憤世嫉俗和禁慾修行的人，這些人思想陰沉，看不得年輕人臉上天真爛漫的笑容。我所說的是那些活潑開朗，始終奉行高尚生活的教徒們。他們憑著一顆向主的心判斷是非，他們的話基本接近事實。

▼**害怕主看見，停手吧**：在這世上你找不到一塊黑暗處可以躲過他的火眼金睛。想著基督耶穌走到你的身邊，他已附著在你的肉身之上。只要你在的地方有基督的神像，就不要指望做了壞事他也不知道。

▼**預備宗教儀式時，不可不嚴肅**：如果總想著玩耍，就不能集中精力做禱告。口中誦讀著聖經，可是思想早已飄到其他好玩的事情上了，任憑俗世的歡娛占據神聖的禱告，這是對神的大不敬。

▼**上帝不保佑的不做**：你也不希望看到你做的事情得不到他老人家的支持吧？只有上帝真心希望我們好。想到凡事都要徵求上帝的祝福，你便煩躁不安，這不是良心壞掉了還能是什麼。

▼**不利禱告的不做**：如果玩耍過後仍然無心祈禱，你當努力反省。保證不會再次發生。

▼**有損嚴肅和正義的不做**：嚴肅以及其他永恆的性格與內心的寧靜和愉悅相伴相生。淺薄的媚笑和低俗的言談會玷汙嚴肅的儀表。這將對你的靈魂產生致命的危害。

▼**邪惡的不做**：你應清楚知道你的所作所為是百害無一利，不去想到底錯在哪裡。切不可把賭博等運氣遊戲當作娛樂手段，跳舞使人精神亢奮不能自已，是一種不健康的休閒方式。從玩家的品味不難看出遊戲的水準。

▼**引誘靈魂的不做**：雖然你每天都向著耶穌禱告，「不可引誘我犯錯。」但是你根本不是真心祈禱，你的靈早已追尋誘惑而去。假如不知悔改，上帝也解救不了你，任憑你滑向深淵。

▼**因玩樂傷害良心的不可寬恕**：純潔的良心如此寶貴豈能為那短暫的快活喪失尊嚴。你的良心控告你耽溺玩樂，你還是醒醒吧。

▼**得當的言辭是美與和諧的樂章，是思維的華麗綻放**：一個人舉手投足之間無不透露出語言與風度的和諧，給人以美妙的享受，如同凝望太陽下的美麗的七色彩虹。庸俗的舉止和品味無異於野草遍生的花園，試想一下，如果彩虹的七道色彩錯亂交織在一起會怎樣？時而混為一體，時而徹底分離，色彩混亂缺乏美感，讓人不忍注目。

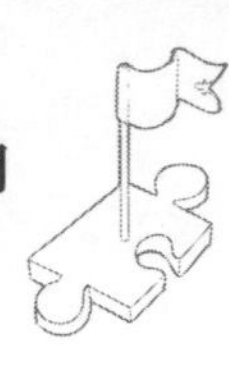

最讓人不能忍受的是「朋友」間奸詐的欺騙，比如遊戲失敗者要想勝利者「進貢」，失敗者因此不知受到多少的羞辱和嘲笑。勝利者一副王者姿態，其他參與者為奪回「寶座」你爭我鬥毫不客氣，就這樣不知不覺玩到了深夜，全然沒有了紳士風度。

▼**不知底細的不做**：使徒保羅（Saint Paul）教說世人不要捲入不知情的事務，因為我們不能真正看清它的本質，我們的良心可能受到蒙蔽。防患於未然方是上策，比如你正沿火山帶前進，你要提防火山石突然斷裂，小心掉進熾熱的熔岩。任何情況下我們都要安全第一，絕不允許自己腳下的大地震動不已。

▼**臨終留下遺憾的不做**：如果把每天都當作是生命中最後一天對待，則可以保持我們的頭腦清醒。臨終時分，過往的悲傷一起湧上心頭。在這個短暫的時刻，亡者內心將充滿了懺悔，流露出的感情卻是無比的真摯。我們看到了他們最真的一面。所以，玩樂之前問問你自己，當你即將離開人世回首往事時是否因留有遺憾而悔恨不已。

▼**享樂致死的不做**：沉醉於快樂中的你如何知道快樂中途會戛然而止？死亡往往不期而至，而我們絲毫沒有做好迎接死亡的準備。很多人被尋歡作樂奪去了生命，死亡每天都在發生。

一個德國人筆挺地坐在賭桌前，他手中的牌為他贏得了一千金幣，發牌人遞過錢，問他是否繼續投注，那人居然沒有任何反應，最後發現他已經變成了一具僵屍。舞池裡也發生過類似的死亡事件。舞曲進行正酣，有人就悄無聲息地被上帝帶到了極樂世界。一個寒冬之夜，一位紳士伴著一位小姐乘著雪橇奔向舞廳，路走了一半小姐便不再說話，駕著雪橇的紳士大聲喊她的名字，可卻沒有任何反應。行至光亮處，紳士才驚訝地發現小姐已經被凍死了。

我們無時無刻不在面臨著突如其來的死亡，我們的命掌握在死神的手裡，他能在很短的時間內以各種方式終結我們的生命：他能瞬間停止我們的呼吸和脈搏，他只消破壞我們複雜的肉體或組織的一小部分就能置於我們死地。我們找不到逃避死亡的方法，我們不敢保證下一分鐘不會遇到死亡。

▼**害怕神問詢的不做**：一切隱祕都將被揭開，暗處的惡行終將拿到陽光下審判。「少年人哪，你在幼年時當快樂。在幼年的日子，使你的心歡暢，行你所願行的，看你眼所愛看到，卻要知道，為這一切的事，神必審問你。」

一個年輕人入伍參軍之時有人送了他一本聖經，懵懂無知的少年便整日揣著這本小書。一次戰鬥結束，他掏出聖經發現封面上留下一個子彈穿過的小孔。他第一反應

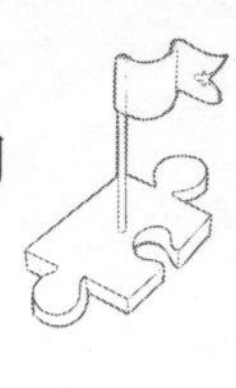

第二十三章　休閒

就是查看書是否受損，就在夾著子彈的那一頁他讀到了上面那句有名的詩他眼前瞬間浮現出過往那些有罪的遊戲，他感到自己罪大惡極，渴望被上帝審問。一件偶然事件使他明白了自己的處境，乃至改變了他的心靈和生活。難道你就不能像他一樣幡然醒悟嗎？你就不能事先懺悔所有過往的快活，就不能小心避免神的審判嗎？

如果你把這些試驗方法應用到當今年輕人喜歡的娛樂中，你會立刻明白哪些可以追求、享有的，哪些必須立即禁止的。你會輕易發現戲劇演出、交誼舞會、棋牌遊戲以及鄉村戲耍裡的罪惡是必須立即禁止的。

但這不意味著剝奪你們純潔的歡樂。一個十一、二歲的女孩拜訪一個和她同歲的女孩，兩人都是虔誠的小基督徒。女孩回到家裡，告訴媽媽說她肯定珍妮是個基督徒。「我的女兒，你為什麼這麼認為？」媽媽問她，女孩回答到，「她玩起來的樣子很像基督徒啊。」她和我玩的時候處處堅持基督教戒律，秉持一顆寬厚仁愛的心。這是真正純潔的娛樂，它摒棄了一切非基督式的快樂。

第二十四章　管好嘴巴

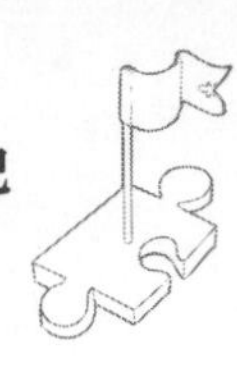

使徒詹姆士說，嘴巴是我們最難駕馭的器官，你可以駕馭烈馬、操縱航船、甚至馴服野獸毒蛇，但不一定管好自己那張嘴巴。

小小一張嘴巴常常惹出大麻煩。它堪比吞噬一切的火焰，一粒極小的火苗就能燒光一垛乾草、一間木房、甚至一座城市。不經意間說錯的話哪怕只有簡單的幾句，就像把大火有可能引燃你的左鄰右舍。因此，嘴巴的毒害防不勝防。

你必須早早學會控制這個不馴的傢伙，這對你培養良好的性格有著非常重要的作用。為了幫助讓你們實現這個目標，我給出幾點簡單易行的建議。

▼ **三思而後言**：很多人一張開嘴巴就說個沒完，像風車的扇葉轉個不停，他們覺得在有限的時間裡應該盡量多說，根本不考慮說出去的話別人樂不樂意聽，也不管是否有意義或是對是錯。

信口開河的習慣終將給說話人惹來不幸。希望你們開口發言之前思考一下哪些話可以說，哪些話說出來會給自己帶來麻煩。如果你能堅持克制多說話的欲望，你的意志力將顯著增強，而且與朋友交談時可以把這個缺點掩飾的滴水不漏。

一旦你講話稍作停頓，其他人就將你替代並占據話語的中心，這對你有兩方面的好處，你不但可以找到對方談話的漏洞再加以必要的補充，而且還能減少亂發言的機率。很快你就會發現雖然你說話不多，但是字字句句都分量十足。

▼ **不可廢話連篇**：管好嘴巴不可就某事胡亂發言，不可信口開河，說過的話要負責。不負責任的嘴巴不僅誇張事實，扭曲事實真相，而且麻木心靈，容易養成碎言碎語的惡習。任憑其發展下去，你的「慷慨陳辭」只會淪為別人茶餘飯後的談資。

▼ **不可開朋友玩笑**：開朋友玩笑是極其不尊重朋友的表現。一旦玩笑過度，令朋友無法忍受，那也預示著你們友情到此結束。

▼ **總講真話**：沒有什麼比說假話更罪惡且更給人造成傷害的了。說假話有罪，但與其說是有罪，還不如說假話更讓人心痛。假如所有人都是騙子，世界上就不會存在快樂，人與人之間的信任感轟然崩塌，從此信任不在。這被守護事實的上帝看到，他決定把所有欺騙者打入滿是火和硫磺的地獄。被欺騙的可憐人在地獄受到了巨大的侮辱和痛苦。

很多年輕人認為遊戲中的互相欺騙很正常。他們明明知道欺騙是錯誤的，但他們寧願將錯就錯，直至徹底拋開說謊的顧忌。誇大歪曲是實話實說的一大勁敵，誇大事實者從不考慮事情緣由，一味製造虛假消息。

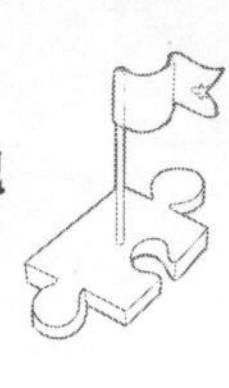

為了養成實話實話的好習慣，我們在談論某些細小環節時必須做到公正準確。小心你說出的每一句話。不容許和事實有絲毫出入，書籍本來放在爐臺上火是靠窗的椅子上，但你卻說書放在桌子上，這也是說假話。

講故事的時候沒必要把每個細節都顧及到，但是你要保證你講的每句話都有憑有據。養成一言九鼎的說話習慣不僅使你避免說錯話，而且還可以強化你說真話的意識。如果人們知道可以相信你說的每一句話，自然而然會增強對你的信任。如果你從小到大一直都是假話連篇，也不要指望將來有機會改過自新。說話不尊重事實的人是上帝不要的壞孩子，如果從童年到少年再到青年直至未來一直不知悔改，那麼他們的生活終將被這惡習摧毀。

▼ **記住不是任何時間都適合說真話**：如果不考慮特定的說話時間和說話環境，貿然發言必會惹禍上身。假如你改不了這個毛病，你會碰到許許多多的麻煩。有時，我們或許有很多自己的想法觀點想要表達，但是我們只能說給我們自己聽，因為有些話一旦說出來就可能引來麻煩。

▼ **盡量避免說他人的不是**：有時我們出於正義或友情的考慮不得不指出朋友的錯誤，你可以指證他們在學校幹過的壞事，在法庭上指證他們的罪行，可以勸誡朋友放棄

惡行和遠離小人。但是以上情況不存在時，我們還是明哲保身，把批評朋友的任務交給其他人和上帝完成吧，自己不要捲進是非。

▼**不可搬弄是非**：聖經多次提及，「不可在民中往來搬弄是非」；「傳舌者洩漏密事」；「火缺了柴，就必熄滅。無人傳舌，爭競便止息」。年輕人樂於散播鄰舍的謠言，樂於搜集家庭密事、暴露私人生活與鄰舍間的髒事。

這樣的習慣不好，這樣會降低你的品味，毒害你的個性，卻讓你學會四處長舌搬弄是非。長舌者給他人造成嚴重的傷害，他們是一群到處遭人白眼的卑鄙之徒。

如果你能用心奉行以上幾條法則，你必將牢牢控制好你的嘴巴，其實也不是很難辦到。你的性格由此被賦予更高的尊嚴與價值，你將受到朋友的愛戴與尊重，獲得所有人的信任。

第二十四章　管好嘴巴

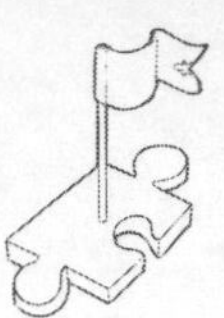

第二十五章
與人為善的說話藝術

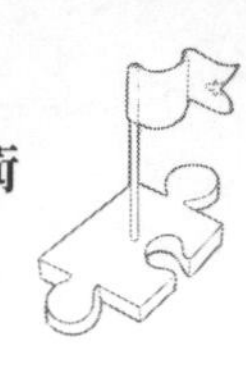

或許沒有什麼比與人和諧友善地交流更能促進你性格的成長了。要做到這一點，你必須擁有健康豐富的心智、高尚的審美品味、得體的衣著舉止，還有溫文爾雅的談吐以及伶俐的口齒。

大部分的條件我們都能滿足，餘下先天不足的我們可以透過後天的努力完善它。伶俐的口齒與生俱來，但是一個人沒有良好的理解能力和健康的心智，他就只能淪為一個講話很快的機器。為了達到成功交流的目的，你不僅僅要做好思想上的準備，也要在談話內容上多下功夫，這樣才能遊刃有餘地應對各類話題。

影響交談品質的一大困難就是說話猶豫遲緩，這說明他不能流利優美地表達自己的觀點。原因是多方面的，有可能是太過感情化，也就是喜歡使用華美張揚的詞藻，這將無疑遮蓋話題本身的內容。

在有修養有品味的人眼裡，你簡直就是賣弄炫耀。其實有的時候越簡單直接，越能展現真實的情感，矯揉造作會使你顯得愚蠢可笑。同樣，缺乏自信會導致說話時緊張不安，緊張的情緒阻斷了記憶，說話開始變得前言不搭後語。

解決的辦法是強化臨場不亂的心理，還要多結交良師益友學習他們的優秀才能。造成失敗的另一大原因是語言表達能力不強，不能流暢表達想法或觀點。我們可以練習寫作增強語言表達能力，讀一些經典的作家作品，比如艾狄生[6]的《旁觀者》，或者研究文化人的談話方式等等。

牧師普爾惠利曾經為了掌握足夠的詞彙以便在交談中侃侃而談，從一本字典中篩選出幾百個最常用詞彙，以及便於交流的日常用語，把它們寫下來並牢牢地記住它們，像背英文字母那樣把它們背的滾瓜爛熟。

一位從商的先生告訴我，他正是閱讀了一個文筆優美的故事克服了表達不暢的困難。他反反覆覆地讀一篇故事，讀到索然無味，但仍然堅持高聲朗讀，不去考慮故事內容而只是為了優美的語言而閱讀，只為了說出自然流暢的語句。我可以肯定，重複不間斷的訓練終將使你流利自如地表達自己的想法，避免詞不達意的尷尬場面。

我們發明不出一種既可以提高交談品質又可以使所有不同階層的人感興趣的談話模式。一個牧師最近告訴我一個故事：一個做鋼鐵生意的富人借他處投宿，富人毫無宗教信仰，牧師深知訪客背景，所以談話大多圍繞富人感興趣的內容進行。

6 約瑟夫·艾狄生（Joseph Addison，西元一六七二至一七一九年），英國散文家、詩人、劇作家以及政治家。艾狄生的名字在文學史上常常與他的好朋友理查·斯蒂爾（Richard Steele）一起被提起，兩人最重要的貢獻是創辦兩份著名的雜誌《閒談者》（*Tatler*）與《旁觀者》（*Spectator*）。

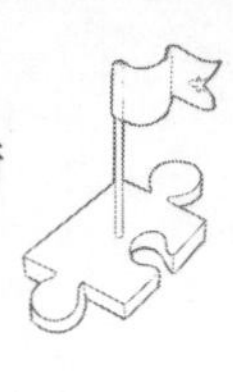

牧師列舉了鐵礦石的不同分類，清楚地劃分它們的種類和特性，說出各種不同的冶鋼工藝以及製造鋼鐵的具體流程，中間或穿插一些展現上帝智慧與恩德的警句箴言，強調鋼鐵生產對滿足我們日常生活需求必不可少的同時，一步步引領富人從「自然」上升到「自然的天神」的境界。

富人一下子被吸引住了，後來他居然對牧師表了他崇高的敬意。富人原本不屑教徒術士的言辭，然而一番談話過後，他摒棄了偏見，接受了牧師的教誨。牧師為教化富人而自學一門全新的知識，人們或許會認為牧師的所做所為完全不在其職責之內。

切入他人感興趣的話題並實現自然地交談，不僅僅需要迎合他們的口味，更需要提高自己的知識儲備。善於溝通的人總是時不時加進一些術語引導你們的交談，你受到感染並樂意與之交流心得體會，絕非陌生人聊天打發無聊那麼簡單。幾條交談注意事項與君共用：

▼不可矯揉造作。矯揉造作只會使自己像個小丑，除此之外別無益處。

▼不可講粗鄙之言。模仿粗鄙人講話不可能不沾染上粗鄙的習氣。

▼不可說方言土語。一個國家某些地區有著獨特的語言表達方式。比如，在新英格蘭地區，很多當地人習慣談話時說「你曉得（you see）」；而在賓夕法尼亞和紐約地

區，人們則習慣使用「你知道（you know）」，而在西部和南部的一些地區，那些極具地方色彩但聽起來滑稽可笑的方言俗語更是常見於日常交流中。不要使用這些地方俗語，保持語言的純潔與質樸。

▼ 不可使用不規範的語言來表達。

▼ 不可使用毫無意義的感嘆詞，比如：「噢，我的天！」或是「哎呀乖乖」之類的感嘆詞。

▼ 沒想到說什麼必不亂開口。「一句話說得合宜，就如金蘋果在銀網子裡。」

▼ 不可拖沓。說話當使人明白易懂，不可隨意延長說話時間。少講奇聞異事，除非你能在人前自圓其說，或是講出來大家有興趣聽。精闢地講述一個故事堪稱一門偉大的藝術，讓人不可忍受的是一個故事講起來沒完沒了。

為不使故事拖沓，不可揪住每一處細節不放，而是要抓大放小。下面試比較兩個不同的人對同一事件敘述的區別。

第一個人說：「知道嗎，我早上起床，然後穿衣服，然後下樓，然後打開院門，抬頭一看，多漂亮的景色啊！你看太陽照在露水上，清晨的露水掛滿了油油的草葉，看啊，太陽打在露珠上，閃閃發光，像是一串串的寶石。你知道他們多漂亮嗎？

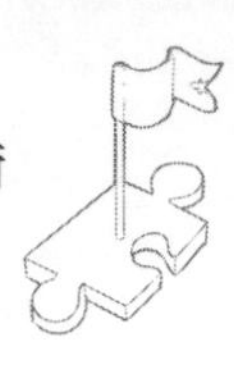

我想我應該出去走走，所以啊我跑到了大街上，越過柵欄，那個柵欄圍著糧倉的後面。哈，我跳了過去，走進了樹林裡，我聽到了松鴉的叫聲，還有知更鳥的叫聲，以及許許多多鳥兒的叫聲，牠們叫的是那麼清脆動人。我沿著小路走到一個很大的樹墩前面，告訴你詹姆士，那大傢伙就立在小路的一邊。看那，我的天，猜我看到了什麼，一隻銀灰色松鼠跳上了一棵大樹！」

我們看另一個人的描述，你認為這樣的效果如何：「清晨一早，我迎著日出東山的朝陽，雙手沾滿陽光照耀下如寶石般的露水。我快樂地向樹林邁去，林中鳥兒清囀不絕，這時只見一隻銀灰皮毛的松鼠竄上樹梢，從一根樹枝輕盈地躍上另一根樹枝。」

這樣的描述可謂事半功倍。無需詳述不必要的細節。在敘述清晨見聞這個事件時，第一個人的描述拖泥帶水，其實進入樹林前的那些細節大可刪去不要。試想你身在樹林，之前必然經過起床穿衣，開門上街，跳過柵欄的過程。

在你講到清晨來到了樹林，聽者的心裡就自然聯想到你出門的過程，你不厭其煩地囉嗦個沒完，聽者則是焦急等待著重點的出現。此外還須注意，不可對一群人重複講一個故事。講故事時不可發笑。

▼不可輕易打斷別人發言。靜靜等待別人把話講完你再發言。粗暴打斷他人的談話是非常不文明的行為。

▼有時你會遇到十分健談的人，他們往往不給你插話的機會，那你就讓他們盡情地說，他們得到了滿足，你也省下不少的口舌和感情，何樂而不為呢。

▼不可張口閉口談自己。我們總會碰到一些只愛說自己的傢伙，一個勁對對我們說他都做過什麼，或是他是怎麼做到之類的話，每當聽到這些我們都十分反感。

▼我們說：「他自以為無所不知，自以為有資格教訓任何人，他認為自己是萬能的救世主，認為自己可以凌駕任何人之上。」談話中有意削弱主體地位，把注意力更多地轉向別人才是真正的君子所為。

▼努力使你們的談話具有建設性。主動加進一些有探討價值的話題豐富你們的談話內容。如果談話結束後感覺毫無所獲，必定讓人失望。對聰明的人來說，沒有什麼比大家感興趣的話題擦出了智慧的火花更令他們激動不已。思想受到一次深刻的啟迪，回家睡個安心的覺吧。

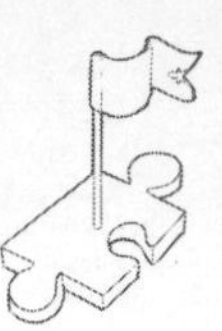

第二十六章 害人的好奇心

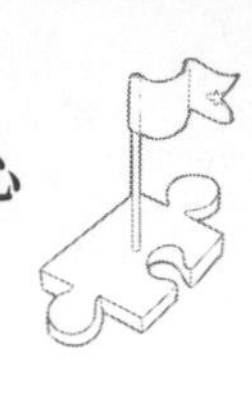

第二十六章　害人的好奇心

新英格蘭地區的居民以詢問別人的隱私而聞名，雖然有時為伸張正義不得已而為之。關注別人的動態無可厚非，但這極易導致過度關注。

人都有一種探求的欲望，由於欲望過度膨脹，迫使我們捲進和自己毫無相干的事件中。因為好奇去打探別人的私密是不道德的，甚至有的人不調查清楚絕不善罷甘休，他們一定要知道一切事情的前因後果和來龍去脈。

我曾經聽到過一個有趣的故事：有個人沒有鼻子，被一個北方人看到了，他特別想知道那個人為什麼沒有鼻子。沒鼻子的人拗不過他，告訴了他原因，但前提是不准再問別的問題，北方人也答應了。那人說，「鼻子是被咬掉的。」聽到這裡他「啊！」的一聲，接著問。「能告訴我是誰咬掉的嗎？」太過好奇只能讓別人更加討厭你。

不過好奇並非一無是處，它也有積極的一面。比如你很想了解一些有價值的新聞以及新聞背後的因果關係，或者你很想去關心他人的疾苦。但是人們討厭那些到處打探別人隱私的人，這些人因此經常遭到眾人的攻擊，可是他們好像越挫越勇，絲毫不知悔改。

任其發展成性，想不好奇都難。你不會放過任何一個細節，你打開家裡的每一個抽屜，翻遍每個角落，不探個究竟絕不甘休。你好奇成癮，無需懷疑一個發現一切的人不會垂涎他所發現的一切。

因為好奇，你走上了偷竊的道路，就算成不了竊賊，你也絕對不受到父母和朋友的歡迎，他們才不想看到自己家抽屜被翻個底朝天、衣櫥門大開、精美物件上沾滿了髒手印。

好奇心驅使你打探朋友的祕密，然後把祕密洩露給他人知道。你不能把自己的祕密統統遮蓋，有時候你也想體驗一把和別人分享祕密的感覺。你把祕密講給你的朋友們聽，但是朋友絕對不會聽，或許你會覺得委屈認為他們不夠朋友。

其實解決的辦法就在於控制好奇心，不再插手別人的私事。不可為了好奇而好奇，除非朋友想找你傾訴，並且想從你那裡得到幫助或同情的時候，你才可以禮貌地詢問一些細節以便判斷他們需要什麼樣的幫助。

和陌生人交談時，你可以了解一些他的情況以示對他們的尊重。但不可過分，切記：好奇害死貓。

第二十七章　學會說不

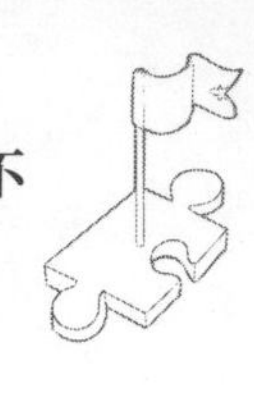

對人說「不」常常需要很大的勇氣。請不要猶豫大聲地說出這個單音節詞，你會為此省下許多不必要的麻煩。如果夏娃懂得說不，她或許可以拯救她自己，也可以保護她的後代不受上帝的詛咒。如果她的子子孫孫鼓起勇氣說不，他們或許會被救贖。人的幸福安康全在一個「不」字。

你受到一些朋友的蠱惑，他們邀你一起遊戲或是集體行動，你當然知道他們會把你教壞。一開始你就毅然決然說不，他們也不再強求。一旦你猶豫不決，他們就會拉攏你入夥，你可能就此屈服了。你喪失了判斷力，違背了自己的良心。你完全沒有了抵抗力，乖乖束手就擒。

約瑟夫性格說一不二，在錯誤面前向來敢說不。結果他的朋友從來不去招惹他，他們害怕看到他那副堅貞不屈的樣子。不管他走到哪裡，父母從來不擔心他受騙，這樣的兒子為父母省下不少心。

魯本與約瑟夫截然相反。他希望討好每一個人，沒有勇氣對別人說不。他完全抗拒不了誘惑，常常陪著朋友做不願意做的事、去不願意去的地方、玩不喜歡玩的遊戲。父母生怕他離開他們的視線，害怕他被朋友教壞。他成了父母一個累贅，都是因為他不懂得說不。

下面我教大家怎麼說不。如果你舌頭打圈，或者喉嚨乾咳發不出聲，那麼你需要自己找面牆，一遍遍對著牆說「不，不，不……」直到可以清晰果斷地說出不。時刻準備好對誘惑你的男人女人、大人小孩說不，但必須記住拒絕別人的時候要有禮貌。

第二十八章 做個有用的人

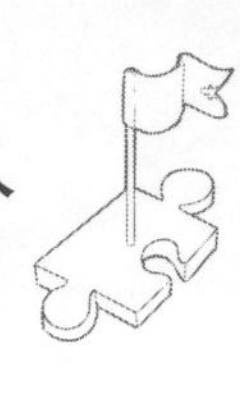

第二十八章　做個有用的人

你能找出自然萬物中有什麼是一無是處的嗎？母牛擠奶、公牛耕田、綿羊毛做衣裳、山羊肉填肚腸、馬和狗都是人類的忠實奴僕。每一種動物，哪怕是小小的昆蟲，都是造物主的傑作。

非生命體也是一樣，田野為人類和動物提供了食物；太陽、空氣還有雲彩為植物的生長保駕護航。寶貴的樹木更是極大豐富了我們的生活：樹木可以拿來建造房屋、可以製作傢俱、可以燒火供我們取暖、可以做成大船載我們遠航，為我們帶來異國他鄉的產品；樹木還可以結出香甜的果實供我們品嘗。

總之，數遍自然界中所有的動植物，沒有一種是毫無用處的。雖然我們會忽視微小的存在，但是我們絕不能否認造物的傑出，它們每一種都是有價值的。

既然一切生物都有使用的價值，你也不應該妄自菲薄，感嘆自己的生活毫無意義。上帝把你造成有用的人，賦予你存在的價值，你必須及早做個有用的人才行。

但是你或許會問，「怎樣才能做個有用的人呢？」或者「我希望自己當個有用的人，我想被別人認可，想做一些有價值的工作，比如當一名牧師或是教師或者其他的職業，可是我們不知道怎樣才能辦到。」

雖然你說話不多，但我敢肯定你經常會思考這樣的問題。很多人渴望做個有用的人，在他們看來只有滿足一定條件加上機遇的垂青才能發揮個人的價值。其實這種想法大錯特錯。

上帝造萬物之時規定每一個生物都擁有存在空間。上帝安排你在哪裡，你就在哪裡做出貢獻。要問我你能做什麼？只要你細心觀察，你每天都可以找到許多有意義的事情做。

在家裡，你可以幫媽媽做家務，照看弟弟妹妹；在學校你可以聽老師的話，幫助你身邊的玩伴。如果你立志做個有用的人，你絕對不會找不到機會的。

我見過一些特別貪玩的孩子，家長不讓他們玩，他們就不高興。只要不是太過分，我不反對他們玩，因為某種程度上說，適當的玩耍有益於身體健康。不過，玩耍只是生活的一小部分而已，如果你把玩耍當作生活唯一的目標，用不了多久你就會玩遍所有好玩的，然後對它們完全喪失興趣。

嘗試做一些有用的事吧，並從中尋找真正的樂趣，你會發現片刻的歡樂帶給你雙重的享受。不工作的人是不會幸福的。快樂最容易滿足，也最容易退去。它們一個接著一個刺激我們的神經，直至我們精神麻木。

不妨為自己制定一個目標：每一天都做一個對自己和他人有用的人。

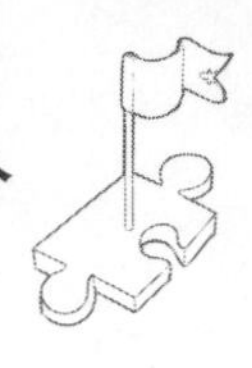

第二十八章　做個有用的人

早上起床，問問自己，「今天有哪些有價值的事情可做？做哪些事可以使我長久受益？我怎麼做個對家庭有用的人？我能為爸爸媽媽做些什麼，能為弟弟妹妹們做些什麼？怎樣才能無私地為朋友奉獻？」

能做到這些足以證明你是一個心懷他人，甘心奉獻的人，你因此收穫了他人更多的回報。你為人人，人人為你。你得到了友誼、敬意還有回報的同時，還發現別人也分享了自己的喜好和幸福。

第二十九章　知足常樂

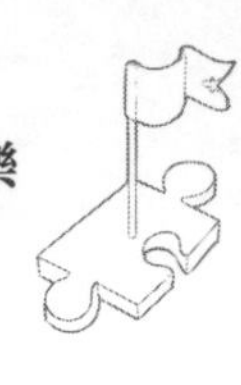

第二十九章　知足常樂

幸福的真諦就是知足常樂。使徒保羅說：「然而敬虔加上知足的心便是大利了。」如果沒有敬虔和知足的心，其他一切所得皆不可使我們快樂。

年輕人總是想擁有自己不曾獲得的事物，他們既想要這又想要那，既想做這件事又想做那件事，覺得這樣的生活才是幸福的。

他們想如果父母都是有錢人，他們就能坐享其成。富人比窮人更急於斂財，斂財的欲望越強，得到的財富就越多，真是「眼看看不飽，耳聽聽不足。」

所羅門身為一代大帝，坐擁金山銀山，他能得到他所有想要的一切東西。他建造富麗堂皇的宮殿用以恣樂享受，豢養大批僕人為自己服務。他網羅天下財寶，購置花園，葡萄園和田地；他購買不可計數的牲口馬匹以及車輛；他使喚男女樂工吹拉彈唱。真可謂呼風喚雨，唯樂不極。

然而眼前的一切依舊不能使他滿足，他把他擁有的一切說成「都是虛空，都是捕風。」所以，你們還是把心放平，財富不一定使人快樂。

假如把自己同那些你認為比你更快樂的人換一換位置，這時的你甚至還沒有原來的你幸福。擁有財富的人要受到嚴峻的考驗，如果你執意要做富人，你必須拿你安樂的生活抵償無盡的辛苦和磨難。

小孩子有時想自己快快長大成人，自己的事情自己做主，不再要旁人干涉自己的生活。他們認為隨心所欲才是幸福。可是他們錯了，隨著年齡的增長他們必須承擔更多的責任和勞動，他們發現大人比孩子難當的多。

假如沒有人管他們生活，他們連生活的來源都保障不了。當然，他們可以自力更生。長壽老人都很羨慕孩子無憂無慮的生活，羨慕他們有足夠的時間嬉戲玩耍。

如果你們這些孩子能吸取保羅的教訓，你們以後的日子肯定能一帆風順。你們知道聖徒保羅披荊斬棘徒步穿越多個國家，傳福音感化世人，為此他常常受到愚民的辱罵和迫害，他挨過打、坐過牢，但他卻說：「我無論在什麼境況，都可以知足。」

我們可以從中得到些許啟示。首先，神聖的上帝為我們安排世間的位置，他清楚什麼對我們有益，什麼能滿足他的要求，然後於萬千選擇中，他指派我們行現在的差事。有誰像他一般精明決斷呢？除了一味地抱怨擔心工作完成不了，我們還能能做什麼？我們在逼迫自己不快樂。

此外，我們不能毫無良心地抱怨自己時運不濟，上帝給我們的已經夠多了。看看我們的周圍，有太多的事情值得我們向上帝感恩。我們只應關注我們擁有的，不去奢望我們沒有的。

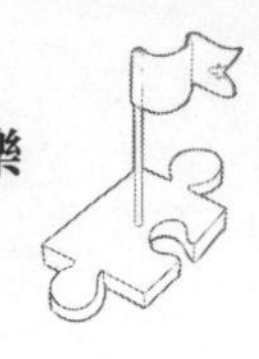

當然，這不是說我們只能安於現狀，不思進取。凡是得到上帝允許的，我們都可以去追求。追逐幸福的方式要正確得當，不可期望過高，否則一旦失敗便一蹶不振。想過上幸福的生活嗎，那就請做個知足常樂的人吧。

第三十章
德性、歡愉與虔誠禱告

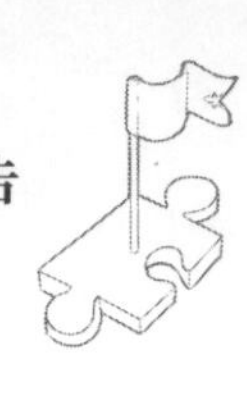

一提到宗教，年輕人馬上低下了頭，臉上布滿了痛苦的表情，心臟好像被針刺了一樣，這是很不敬的表現，甚至有些高貴的紳士在談到宗教時也會臉色凝重，一副痛不欲生的樣子。

我不清楚有多少年輕人抵觸宗教，但知道接受過宗教教育的人絕對不會對宗教如此不敬。以我自己為例，我小時候認為基督徒是世界上最幸福的人，然而對於貪玩的孩子來說，他們覺得宗教就像老處女猙獰的臉一樣恐怖，他們認為宗教會奪去他們的快樂。

不可否認，宗教在某種程度上禁止享樂，宗教首先幫助他們摒除個人的欲念，之後使他們心平氣和地接受宗教的洗禮。宗教對人的考驗很殘酷，比如說向上帝悔罪、克己、抗拒誘惑和克制欲望。如果能夠忍受這些考驗，你的靈魂將得到徹底的救贖。

比起經受罪惡的良心的折磨，還有痛苦的自責和地獄的煉火，這些考驗根本不算什麼。逃避宗教教育讓人難以接受。假如你撿到一枚銀幣，你能忍受別人從你那裡拿走它，卻不能原諒自己將其據為己有；假如你長了一顆齲齒，你能忍受將其拔掉的痛苦，卻受不了牙膏的刺激。

及時的悔罪比整日的自責與恐懼更能解救人的靈魂。只有罪惡的良心才能奪去人類的幸福，克制欲望和惡習反而會增進人類的幸福。

然而真正的虔誠藉由德性的歡愉而生，德性的歡愉與俗淺的快活有著根本的不同。歡愉來自內心的平和與寧靜，快活卻是淺薄粗俗的感官刺激。前者可以調和欲望與享受的平衡，而後者可以瞬間掩蓋痛苦與悲傷，卻因此承受了更多的苦悶。

秉持基督信念並且聽取上帝的應許與慰籍是獲得德性的歡愉的唯一路徑。誰可以獲得真正的歡愉與幸福？那些被上帝救贖，不再恐懼地獄與死亡的人可以、那些上帝的孩子可以、那些渴望獲得永生的人可以（他們渴望永遠信奉上帝，渴望成為被保佑的幸運兒，渴望享受真正的快樂）。

但是我們不能把上帝贈與的歡愉同世俗的快樂混為一談。你那高貴的德性告訴你不允許粗俗滑稽的俗世之樂踐踏神祇的歡愉。但是宗教並不禁止發自天性的快樂。特別在人的青少年時期，他們被允許追求純潔的歡樂，但絕不可逾規。

年幼的基督徒不僅要拋棄刻板的守戒形象，還要抗拒俗世輕浮的誘惑，只有這樣才能獲得奉主的真諦。如果你一味嚮往輕浮的快樂，甚至肆無忌憚地嬉笑怒罵，你不可能收拾好心思虔誠奉主。

另一方面，如果你刻意壓制少年天性的歡樂導致自怨自艾或是閉門守戒，你的精神狀態和你的健康都將受到嚴重損害，你的性格也將變得乖張蠻橫，從此整日沉浸在自責

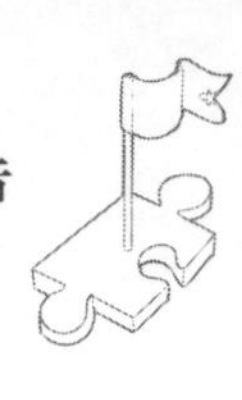

之中。傾向任何一方都將帶來不利的影響。

正確的方法是既嚴格守戒又追求德性的歡愉，無論何時何地堅持用基督思想豐富你的情感。耶穌基督的福音可治各種癥結，使我們擺脫鬱悶與苦痛的糾纏。它接受罪人的懺悔，幫助人們改正惡習和抵制誘惑；它把信奉者解救出苦海，給他們安慰。

真正的基督徒沒有理由不感到幸福。雖然他依舊遭受著身體內外的痛苦，但是他憑著對基督的信仰和聽取神的話，最終將戰勝一切苦難。

我真摯地希望你能做一個嚴肅而又活潑的基督徒，不可使你的宗教信仰誤入歧途。信仰不是自怨自艾痛哭流涕，也不是超然世外無欲無求。

你生時背負著罪過和不完美的性格，你感受著神為贖你的罪時的痛苦，你深深感受到不信耶穌的人是多麼的可憐和無助。這裡，拿你的信仰補償給耶穌，抵償他為你流的血；把你的心也交由他保管，這樣你才不至於沉淪苦海，才能享受幸福的喜悅。一切只因你是上帝的孩子。

親愛的小讀者們，故事講完了，我也要對你們說再見了。我衷心希望這本書對你們有所啟發，可以為你們帶去正統的基督精神。請記住我們完成上帝的派遣之時，也是我們相聚天堂之日。願主保佑你們！

官網

國家圖書館出版品預行編目資料

哈維・紐科姆談紳士道：好奇害死貓、朋友少而精、管好嘴巴，美國著名教育家給男孩的建議 / [美] 哈維・紐科姆（Harvey Newcomb）著；孔謐 譯 . -- 第一版 . -- 臺北市：崧燁文化事業有限公司 , 2023.05
面；　公分
POD 版
ISBN 978-626-357-277-5(平裝)
1.CST: 修身 2.CST: 青少年
192.13　112004542

哈維・紐科姆談紳士道：好奇害死貓、朋友少而精、管好嘴巴，美國著名教育家給男孩的建議

臉書

作　　者：[美] 哈維・紐科姆（Harvey Newcomb）
翻　　譯：孔謐
發 行 人：黃振庭
出 版 者：崧燁文化事業有限公司
發 行 者：崧燁文化事業有限公司
E-mail：sonbookservice@gmail.com
粉 絲 頁：https://www.facebook.com/sonbookss/
網　　址：https://sonbook.net/
地　　址：台北市中正區重慶南路一段六十一號八樓 815 室
Rm. 815, 8F., No.61, Sec. 1, Chongqing S. Rd., Zhongzheng Dist., Taipei City 100, Taiwan
電　　話：(02)2370-3310　　傳　　真：(02) 2388-1990
印　　刷：京峯彩色印刷有限公司（京峰數位）
律師顧問：廣華律師事務所 張珮琦律師

-版權聲明

本書版權為出版策劃人：孔寧所有授權崧博出版事業有限公司獨家發行電子書及繁體書繁體字版。若有其他相關權利及授權需求請與本公司聯繫。
未經書面許可，不可複製、發行。

定　　價：320 元
發行日期：2023 年 05 月第一版
◎本書以 POD 印製